社会科「主体的・対話的で深い学び」授業づくり入門

―熱中！学び方技能育成のポイント

谷 和樹 著

学芸みらい社
GAKUGEI MIRAISHA

まえがき

「アクティブ・ラーニング」という言葉を最近あまり聞かなくなりました。

言葉だけが先行し、現場では多少なりとも混乱がありました。

新学習指導要領では「主体的・対話的で深い学び」という言葉になりました。

現場は余計混乱しているとも聞きます。

しかし、「主体的」「対話的」「深い」という三つの概念が出て、「アクティブ・ラーニング」を定義して説明しやすくなったともいえます。

うまく授業に結びつけ、子どもたちの学力を真に向上させる方向で研究を進めるべきでしょう。

「主体的な学び」は、単に「子ども任せにして時間効率の悪い『はい回り』をさせる」ということではありません。

たとえば、次のような条件が必要です。

1　熱中する学びの面白さを保証する教師の授業力
2　頭を振り絞って考えることで何かに挑戦し、乗り越える力
3　できるようになることで得られる自己肯定感、生きる力
4　将来の職業に関連する知識を意識する、キャリア教育の視点
5　社会の中で人と関わっていくための、基本的な教養

「対話的な学び」は、今学んでいる内容について「多様な人と対話する」ことはもとより、「先人の考え方（書物等）で考えを広げる」ことも含まれます。

そして、「深い学び」を実現するためには、どうしても「知識」との関連を考えなければなりません。

たとえば、次のような学びを通して、各教科特有の「見方・考え方」を身につけることが求められます。

（1）各教科等の知識・技能を習得する。
（2）習得した知識・技能を活用して、より上位の概念を獲得する。
（3）獲得した概念を基に、学習対象についてさらに考える。
（4）新たな問題を発見・解決したり、表現したり、新しい何かを創造したりする。

社会科を例にして、もう少し具体的に考えてみます。

知識的な面での社会科における「深い学び」とは、次の①～③へと認識が進むことである、ということも提案できます。

①社会事象に関する「知識・技能」（記述的知識）を身につけるために必要な最低限の知識群を習得する。
たとえば、
ア　自分たちの地域についての基本的な知識（位置・地勢・歴史）
イ　地図を読むために必要な知識（主な地図記号・方位等）

ウ　都道府県名・都道府県庁所在地名、地図上での位置と形等
エ　日本の主な歴史年号（時代の変革十種程度）
オ　日本の主な歴史人物名（顔・名前・業績）
カ　その他

②社会事象を分析するための観点（分析的知識）を身につけるために必要な分析手法を身につける。
たとえば、
ア　その社会事象はいつから始まり、いつ終わったのか。（時間）
イ　その社会事象はどこで始まり、どこで終わったのか。（空間）
ウ　その社会事象には誰が、誰と関わったのか。（人物）
エ　その社会事象はどのように進行したのか。（経緯）

③社会事象間の関係についての「社会的見方・考え方」（説明的・概念的知識）を身に付ける。
たとえば、
ア　その社会事象は、なぜどんな条件で起こったのか。（社会事象間の因果関係）
イ　同じような社会事象は、ほかにもあるのか。
ウ　多くの場合に当てはまる法則性はあるのか。（社会科学の法則性）

本書では、新学習指導要領で求められる力を具体的な授業の形で示しています。
これらをもとに日々の授業や校内における研究のヒントにしていただければ幸いです。

本書の内容は、向山洋一氏の実践がなければ何一つ書けなかった内容ばかりです。

また、発刊の機会をくださった、学芸みらい社の樋口雅子編集長には、今回に限らず、一七年前から執筆等に関し、厳しいご指導や励ましの言葉をいただいていることに深く感謝しています。

ありがとうございました。

二〇一八年　一二月一日

第三二回　日本教育技術学会　兵庫大会　の日に

谷　和樹

目次

まえがき　2

I 学び方技能を育てる六つの基本ポイント

一　ポイント①学習テーマを選択し、絞り込め　14
1　何もかもするな、事例を選択せよ　14
2　資料や調査を通した学習は必須である　15
3　情報のアウトプットについて具体的に指導する　16
二　ポイント②目標を細分化せよ　17
1　何も書いていないに等しい指導計画　19
2　単元の目標を細分化し、具体的に記述する　20
3　目標を具体的に書くと何が変わるか　25
三　ポイント③討論の授業をめざせ　26
1　向山型「参画する授業のモデル図」で分析する　27
2　討論の授業を作りながら学習技能を鍛える　30
3　価値判断にかかわるテーマ設定と発言の分析　31

四 ポイント④明確な言葉で指導せよ 36
1 「向山型算数」は子どもに学習技能をメタ認知させる 37
2 明確な言葉で指導するから子どもが学習技能を意識する 38
3 「発表の準備」を指導する 38
五 ポイント⑤すぐに学習活動に入れ 43
1 集中力の見られない二年生たち 43
2 すぐに学習活動に入れ 44
3 次々に作業指示を出す 45
六 ポイント⑥できる見通しを持たせよ 46
1 まとめの練習問題にどう取り組ませるか 46
2 時間がきたらすぐに指示をする 47
3 できる見通しを持たせる 48

Ⅱ 学び方技能系統化細案
―子どもにこんな力をつけたい―

一 具体的なイメージを全体像として描く―年間の見通し― 52
1 「学び方・調べ方技能・系統表」を学校ごとに作成せよ 53
2 「総合的な学習」なら、さらに「分野ごとの活動例」を示せ 55

3　各担任は年間指導計画に「学習技能」を意識的に組み込め　55
4　全体をイメージできる力量とは何か　56

二　"学び方技能"の系統化―一覧表作成の試み―　57

1　社会科学習技能の「全体像」をとらえる　57
2　学習技能の一覧表を提案する　62
3　学習技能の一覧表をもとに、計画的な指導を具体的に展開する　68

三　学習技能の一覧表を提案する―その後にたどりついた結論―　74

1　社会科という教科特有の学習技能だけを切り出して分析することは、原理的に不可能である　75
2　ただし、いわゆる学習技能を抽出して一覧にし、全体像をイメージすることは可能であり、一定の有効性がある　76
3　学年別の学習技能系統表を提案する　77

〈付〉岩田一彦氏の授業分析
多様な問いを大切にするということ　82

Ⅲ　学び方技能を育てる単元の組み立て方

一　単元の組み立て方―六年・歴史単元「武士の時代」―　86

1 たくさんの問題を作らせる 86
2 問題集を作った 87
3 問題を解いた 87
4 自由に相談した 89
5 「今から追究したいこと」を書かせ、一人学習をした 91
6 教師が選択した問題について一斉授業をした 92
二 向山洋一氏の「基本的な学習過程」 92

Ⅳ 学び方技能を育てる授業の組み立て方

一 六年・歴史単元「伊藤博文と日清戦争」の授業づくり 96
☆谷和樹の自己解説付き
1 伊藤博文は日清戦争に賛成・反対？ 97
2 子どもの意見発表への解説 102
3 インターネットによる調べ学習 103
4 調べ学習で本質に迫るとは 107
二 五年・領土単元「尖閣諸島」の授業づくり 113
1 尖閣諸島の基本情報 113
2 尖閣諸島をめぐる問題 114

3 「先占」という視点で判断する 115
4 「実効支配」という視点で判断する 118
5 「国際条約」という視点で判断する 120
6 中国側の主張の矛盾点を分析する 121
7 鄧小平（中国の元副首相）氏の言葉「次の世代に託す」 123

三 五年・農業単元「トレーサビリティ」の授業づくり 125

1 導入―全体を巻き込む 125
2 子どもの内部情報を引き出す 127
3 プロジェクターの光が顔に当たった子への対応と全体への対応 128
4 本題に入る 128
5 ノートチェック、一回目 129
6 見当違いの意見を書いた子への対応 131
7 すべて認める 132
8 初発問にかえる 133
9 予想させる 134
10 書きたくなる対応 134
11 指名なし発表 135
12 さらに食らいつく子どもたち 137
13 子どもたちの驚きと疑問 138

14　じらす　139
15　感想を書かせる　141
16　最後に一言　141

〈付〉岩田一彦氏の授業分析
指導案と授業記録の比較で見えてくること　143

四　六年・政治単元「〝IoT社会〟で力を発揮するためには」　151
☆アクティブ・ラーニングの全体カリキュラムを設計する
1　この授業の主張と背景　151
2　自動ドアが開くのはナゼ？　153
3　インターネットにつながるとどうなる……　155
4　IoTって何だ？　157
5　いろんな意見を言った人が合格！　161
6　正解はありません！　165

I

学び方技能を育てる六つの基本ポイント

一　ポイント①学習テーマを選択し、絞り込め

選択した事例について調べ学習を展開し、情報処理能力を身につけさせる。

学習技能を育てる大切なポイントの一つは、「事例の選択」である。技能は何らかの学習内容を学ぶことを通してしか身につかない。

その際、何もかも同じ比重でつめこみ式に扱っていたのでは、学習技能を育てることはできない。

たとえば社会科を例に挙げる。

1　何もかもするな、事例を選択せよ

事例の選択は、社会科の学習指導要領の中でも明確に書かれていることである。

しかし、現場での校内研究も、あるいは市販テストなども、いまだこの点について十分な認識を持たず、十分な対応もしていないと考えられる。

五年生の「内容の取り扱い」には次のように書かれている。

野菜、果実、畜産物、水産物などの生産の中から一つを取り上げるものとする。
金属工業、機械工業、石油化学工業、食料品工業などの中から一つを取り上げるものとする。

> 放送、新聞、電信電話などの中から一つを取り上げるものとする。
> 仕組みや工程に深入りしないよう配慮するものとする。

「一つを取り上げるものとする」という示され方であって、「二つを取り上げてもよい」というような曖昧なものではない。

しかし、現場は本当にそうなっているか。

テスト対応としてまんべんなく触れていく例が多いのではないか。

2　資料や調査を通した学習は必須である

資料や調査を通した学習についても、すでに指導要領のすべての内容で「調べて」学習することになっている。

必ず調べなければならない。

社会科のすべての内容で「調べて」その上で理解する（あるいは気づく）ことになっているのである。

しかし、現場は本当にそうなっているか。

私の身近でも、年度末になると教科書を順番に読んでいくような社会科の授業をしている人があると聞く。

これらをふまえてどうするか。

これからの実践研究を進めるにあたっては、次の二点のうちいずれかにポイントを絞り、具体化していけばよい。

> ①　社会科における学習技能の具体的な指導

② 現代的な教育課題への対応（環境問題、エネルギー問題、福祉問題などへのリンク）

キーワードは前述したように「選択と調べ学習」である。

学校や教師が主体性を持って絞り込んだ「選択した事例」を通して、「調査させながら」学習内容を理解させ、学習技能を身につけさせるのである。

事例を選択するにあたっては環境問題などの現代的課題への配慮が欲しい。

3 情報のアウトプットについて具体的に指導する

社会科においての学習技能とは、私は情報処理能力であるととらえている。

たとえば、「総合的な学習の時間」の中で示されている「情報の集め方、調べ方、まとめ方、報告や発表、討論の仕方」ということも、まさに情報処理能力のことである。

情報の理解、選択、整理、創造、発信といったことが社会科の基礎・基本であり、身につけさせるべき技能である。

情報処理をわかりやすく考えると次の三段階がある。

① インプット
② 処理
③ アウトプット

この三段階を高学年の授業で具体的にどうするか考えてみよう。

情報のインプットとは、たとえば新聞の読み方を教えることである。

地図の読み方や検索の仕方を教えることもそうだ。

情報の処理とは、たくさんの中から情報を選び、合理的な価値判断をし、行動に結びつけることである。

消費者として合理的な買い物ができるということだし、地球にやさしい消費者としての価値判断ができるということでもある。

情報のアウトプットとは、手紙が書けたり、報告書が書けたり、発表したり、討論したり、情報メディアを活用しながら発信したりすることである。

このようなことについては、授業の中での極めて具体的な手立てや方策を示しながら研究を進めるべきである。

具体例については三八ページ、3「発表の準備を指導する」を参照されたい。

二　ポイント②目標を細分化せよ

目標を、できる限り細分化して書く。

目標は、可能な限り具体的なレベルで書くべきである。

学校教育とは、教師による評価を前提とする。

評価は目標の裏返しである。

評価不可能な目標は目標ではない。

学習技能を育てようとする場合でも同じである。

各教科の学習は内容目標が主であるため、学習技能はいわば「偶然に」身につくにまかせていると言っても過言ではない。

学習技能が目標として意識されておらず、年間の計画の中にも組み込まれていないから、いきあたりばったりである。

教師の力量によって、子どもたちの技能の身につき方に激しく差が出る。

目標がないから評価もできない。


系統性を持たせた年間計画に学習技能を組み込むことは、実はかなり困難である。

しかし、「目標として意識する」ことは比較的簡単にできる。

ここで示した「目標を細分化する」という方法もその一つである。

目標を内容面と技能面に分けて可能な限り細分化することで、評価もまた可能になり、これまでよりもくっきりとした指導ができる。

指導案にその目標が記述されることが望ましい。

それが無理であったとしても、授業者の細案としては具体的な目標を持っておくべきである。

次に五年生の工業の例を挙げてみよう。

1　何も書いていないに等しい指導計画

大単元「日本の工業」の計画を次のように書いた。

第一次　滝野町の工業―滝野町の工場・中小企業を調べて―（一一時間）
第二次　日本の代表的な工業生産―鉄鋼業「加古川製鉄所」―（一〇時間）
第三次　日本の工業地域（八時間）
第四次　日本の工業問題（七時間）

この中の第一次「滝野町の工業」を小単元として取り上げた。

この計画は、「学習すること」を表した単なるタイトルであって、これだけでは指導計画にはなり得ない。それも知識理解的な内容しか示されていない。

この計画を見た人は、「工業の学習をするんだなあ」とか、「地域の工業から入るんだなあ」などがわかるだけであり、ほとんど意味がない。

書かれていない行間を読み取るなどということは、研究の文章にはあり得ないし、あってはならないはずである。だから、指導者の意図をわかってほしければ「全部書く」しかない。

読む方も「書いていないことは判断してはいけない」のが本当である。

だから、この指導計画では無いも同然である。

単元の指導計画の構成には、次の二つの視点が含まれていなければならないと考えている。

① 知識理解的な内容を達成する流れ ② 能力的な内容を達成する流れ

この二つがからまっていなければならない。

さらに、第一次で獲得した能力を、第二次以降は子どもたちが自分で使えるようにしなければならない。

つまり、第一次において「自分で資料をさがす」ということを身につけたならば、次の時間以降は、その能力の上に活動がなければならない。

そのためには、教師が自覚的に、能力的な内容を達成する目標と計画を書けなければならないのである。

2 単元の目標を細分化し、具体的に記述する

目標というのは、細かいレベルまで下げていくと、いくらでも具体的にすることができる。

たとえば、能力的な目標に関して言えば、「自分の力で調べることができる」というのは、大きなレベルの目標である。

しかし、これだけでは何を言っているのかわからない。

「資料集を使って調べることができる」となると少し下に下がる。

しかし、これではまだ子どもの活動を評価できない。

もっと具体的にする必要がある。

そう考えて、小単元の目標を設定した。

大きいレベル（これまでの指導案に記述されてきたレベル）では次のような目標になる。

A　滝野町の中小企業や伝統的な技術を生かした工場を見学することによって、原料から製品までを一人で作り出している工場や、分業によって製品を作り出している工場など、製品の種類や規模によって形態が違うことに気づかせる。
B　滝野町の工場の中には、大企業とつながりを持って注文を受けたり、製品を納めたりしている工場があることに気づかせる。
C　自分の知りたいことを明確にして見学に行き、進んで調べようという意欲的な態度を養う。
D　収集した情報をグラフ・表などの適切な方法で表し、発表できる能力を養う。
E　収集した情報から、さらに新しい問いを作ることができるようにさせる。

この、ＡからＥのような目標記述では、実際の授業にはあまり役に立たないし、「とりあえず書いてみた」という感じである。

そこで、この単元で子どもがどんなふうになればいいのかということを想像しながら、可能な限り目標を細分化して、下位レベルの目標を書いてみるのである。

A、Bについて

① 見学した六つの工場について、分業の形態からの違いを指摘できる。

（1） 一人

・観音工房、一如窯

（2） 分業

・大久保木工、高徳酒造、アルヴァ

（3） 分業と流れ作業

・阪神電気

② 見学した六つの工場について、製品の流通からの違いを指摘できる。

（1） 完成させて、直接問屋・小売商へ卸す。

・観音工房、一如窯、大久保木工、高徳酒造

（2） 他の企業（工場）へ部品として納める。

・阪神電気

（3） 完成した製品に飾り（付加価値）をつける（二次加工）。

・アルヴァ

③ 見学した六つの工場について、従業員数・年商・生産量・取り引き会社数などを表にまとめることができる。

Cについて

①　見学にあたって、自分の質問事項を明確にできる。

（1）　工業製品や、道具を見て問いを持つことができる。

（2）　写真を見て、問いを持つことができる。

（3）　自分の問いに対して自分の予想を持つことができる。

②　「製品ができるまでの様子を、絵に表しなさい」という発問に対して、次の内容を含んだ予想を立てて絵に表すことができる。

（1）　材料を特定できる。

（2）　製品を特定できる。

（3）　分業を説明している（観音工房と一如窯以外）。

（4）　流通について触れている。

Dについて

①　見学しながら、メモを取ることができる。

・メモは箇条書きにする。

②　メモをもとに、表や図を作ることができる（グループ作業）。

（1）　写真・図解・説明文を入れて、製品ができるまでの流れ図を書くことができる。

（2）　質問してわかったことを表にまとめることができる。

（従業員数・年商・生産量・取り引き会社数などを含んだ表であること）

③ 作った表や図を示しながら、見学してきた内容について発表できる。

（1） 工場

（2） 材料（種類・数・仕入れ先）

（3） 製品（種類・数・出荷先）

（4） 従業員（人数・勤務時間）

（5） 分業・流れ作業の様子（数・順番）

（6） 質問事項（おじさんの声・苦労話・面白かった話）

（7） 自分にとって面白かったこと

④ 友達の質問に対して、適切に答えることができる。

Eについて

① 見学してきたことを自分たちでまとめる作業の中で、次の問いを持つことができる。また、出てきた問いを、書き出すことができる。

② 友達の発表を聞きながら、問いを持つことができる。また、その問いを書き出すことができる。

③ 問いに対して、自分なりの予想を持つことができる。

④ どのようにしたらその問いを調べることができるか、具体的な方法を言うことができる。

こうした目標設定を指導案の中にきちんと示した実践に、一九八〇（昭和五五）年の向山洋一氏のものがある（『向山洋一実物資料集』第六巻、一一ページ）。

なぜ目標を細かく分割することが重要であり、有効なのか。

3　目標を具体的に書くと何が変わるか

このように細かく設定するメリットは何か。それは次の点に尽きる。

> 評価が具体的になる。
> 授業が具体的になる。

下位レベルの目標の観点で、単元末に一人ひとりの子どもについて評価するのである。

教師サイドとしては、この目標に近づくため、どのような手立てを取ったか。

そして、どの手立てが有効であったかということが、具体的に記述されなければならない。

また、こうした目標を設定することによって、授業内容がより具体的になり、しなければならないこと、打たなければならない手立てが見えてくるのである。

評価について、私が考えた手立ては、次のとおりである。

> ペーパーテストをする（単元の終わりに）。

個人新聞を発行させる。

共同作業による流れ図を書かせる。

見学したことを表にまとめさせる。

発表している様子をビデオに撮る。

疑問をノートに箇条書きにさせる。


このように目標を書くことによって、これまで一時間ずつぶつけてきた感じだった授業が、単元のレベルで感じられるようになる。

打たなければならない手立てを具体的に考えるようになる。

授業の中身もはっきりしたものを計画できる。

単元が終わった後、目標の一つ一つに対して自分の授業を評価することができるようになる。

結果を何らかの形に残していくことによって具体的な検証が可能になる。

一時間ごとの授業に対する構えが違ってくるし、子どもたちの活動もより注意深く見るようになる。

目標を具体的にすることによって導かれた効果である。

三　ポイント③討論の授業をめざせ

討論の授業が子どもたちの学習技能を飛躍的に伸ばす。

1　向山型「参画する授業のモデル図」で分析する

『教室ツーウェイ』誌一九九五年一月号には、向山氏による巻頭論文「全員が参画する授業を創る」が載っている。

この中で触れられている「参画する授業のモデル図」は、非常に示唆に富んでいる。

次の図である。

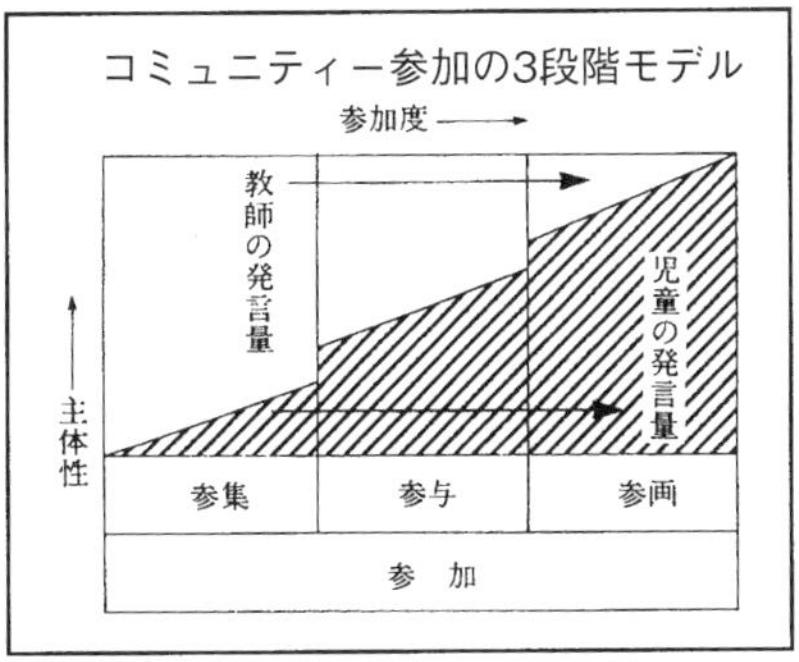

この図の、次の段階へ行くときに存在する「段差」がポイントであるという。
そして、参集、参与、参画を、向山氏は次のように定義する。（前記の論文から筆者が要約してまとめたもの）

参集…〈反応の授業〉
一問一答式の授業形態。講義型、説明型。
児童は、教師からの働きかけに反応していればよい。
参与…〈働きかけの授業〉
討論の授業。
児童は、他の人に働きかけるという行為が必要になる。
参画…〈共同作業の授業〉
一発問一時間の授業。
児童は、問題を具体的にとらえつつ、解を与えていくという共同作業を必要とする。

さらに、教師と児童の発言量については、同論文の中で次のように向山氏は述べている。

とりあえず「教師の発言量」と「児童の発言量」を比較するだけで授業の様子がわかるのである。
通例、教師の発言が少ない方がいい。（一〇ページ）

そこで、私の授業ではそれぞれの発言量はどうであったか比較してみる。

ここでは授業記録の文字数によって、発言量を計測する手法をとる。

その手順を次のように設定する。

① 授業記録の中のすべての言葉を、教師の発言と児童の発言に、機械的に分ける。
② 発言ではない部分（括弧や児童名、番号など）をすべて削除する。
③ 教師分と児童分、それぞれの文字数を数える。

その結果は次のとおりである。

全体の発言量……九、二三二文字
教師の発言量……三、四九八文字（約三七・九％）
児童の発言量……五、七三四文字（約六二・一％）

したがって、前掲の図によれば、何とか「参与の授業」に入ることができたという、いたって単純な分析である。

単純だが、この分析方法は面白いし有効である。

もし討論の授業をやりたいと考えるのなら、ぜひおすすめの分析法であると思う。

しかし、問題は「参画の授業」へのステップである。

ここが、もうどうしようもないほど高い高い「段差」なのである。

向山氏の言葉をさらに引用する。

> 「教師は、できるだけしゃべらない方がいい」ということは、分かるようで実は分からないのである。
> 私の場合、討論の時は「一つの発問」を出して、すわってしまう。
> むろん「指名」もしない。途中で口もはさまない。何もしゃべらない。
> このような授業が可能になるためには、むろん、いくつかのステップが必要である。（中略）
> これは、たびたびの討論の授業の成功の上にしか、創り出せない。
> 「討論の授業」の中で「学習のスタイル」「学習のすすめ方」を学んだ子どもたちが自分でやっていけるのである。
> 「真に子どもだけでできる学習のスタイル」を習得させることこそが問われるのである。（一一ページ）

2　討論の授業を作りながら学習技能を鍛える

討論の授業には、学習内容と学習技能を含めたそれまでの教師の指導の力量が現れる。

討論の授業は、調査、整理、提案、発言、反論など、多くの高いレベルでの技能がそのクラスの子どもになければ実現しない。

向山洋一氏が「やまなし」の授業テープをそのまま公開してから、討論の一つの頂点の姿が明らかにされた。

それをめざさなければならないが、あまりに遠い道のりである。

しかし、学習技能が育ってからしか討論の授業ができないのではない。

それでは、いつまでたっても一生できない。

討論の授業を日々作りながら、学習技能も鍛えていくのである。

ここでは、どのようにすれば討論の授業の一歩を踏み出せるかを、私の実践から考える。

3　価値判断にかかわるテーマ設定と発言の分析

私は、社会科において討論的授業を組むことによる子どもたちの追究の深まりを研究してきた。

五年生では「わたしたちのくらしと工業」の中で、地域にある滝野工業団地を取り上げ、教材化する試みをした。

この中で私は、次のような極めて主観的な価値判断にかかわる課題をあえて提示した。

> エースコックと凸版印刷はどちらのほうがすごい会社か。

向山洋一氏の有名な「損か得か」に学んだ発問である。

これによって、活動的な楽しさを保証しながら、この小単元で獲得させたい知識や技能に迫ろうとした。

そこで、研究授業の指導案では次のような授業仮説を掲げた。

〈授業仮説〉
話し合う活動において、「エースコックと凸版印刷はどちらのほうがすごい会社か」のような二者択一問題を設定し、どちらかの立場に立たせて話し合うことによって、自分が調べたことをもとにした根拠のある発言をすることができ、結果として目標である知識に気づかせることができる。

子どもたちは、その討論の中で、凸版印刷で使われていた「無人搬送車」というミクロな事象に着目し、その役割について考えようとした。

この時の校内研究テーマは、「調べたことを授業の中でどう生かすか」であった。「調べたことを授業の中で生かす」ために、「賛成か反対か」「どちらがすごいか」などの、二者択一問題による話し合い活動をこの小単元で提案することにした。

話し合う活動自体に目的があるのではなく、話し合う活動を通して、単元の目標の知識理解面や思考判断面、そして技能の育成に迫ろうとするものである。

その際、細かな具体的事象にあくまでもこだわらせ、それがどのような経済的合理的基準を持っているのかという点に目を向けさせることによって価値選択をさせるようにしたいと考えた。

小単元のおおまかな指導計画（全一二時間）を示す。

①　身の周りにある工業製品について、数や種類を調べる。
②　滝野工業団地の工場では何を作っているのかを予想する。
③　凸版印刷で印刷されているものを調べて、表にまとめる。
④　エースコックの生産しているラーメンを調べて、生産ラインや材料の流れ、製品の流れなどを予想し、流れ図にまとめる。
⑤　エースコックと凸版印刷を実際に見学し、製品の生産ラインや人々の働く様子などを調べる。
⑥　「エースコックと凸版印刷では、どちらがすごい会社か」を話し合うことによって、それぞれの工場の特徴や働く人々の工夫、努力などに気づく。
⑦　工業生産がくらしの中で果たしている意味について考える。

①から⑤までの活動で八時間を使っている。すべて「調べる」活動と「予想する」活動である。この八時間は、⑥からの話し合い活動のためだけに組み立てたものである。その結果、一〇時間目の討論の時間には、調査活動をもとにした活発な発言が行われた。授業の逐語録を分析すると、全発言数のうち約四一％の発言は、見学で調査した事実をもとにしている。子どもたちの発言が、そのレベルはともかく、まがりなりにも長時間続いたということは、調査・体験活動が豊富であったことがよかったと考えられる。

子どもたちの発言をみると、自分たちが見学で見てきたことをもとに具体的なレベルでの知識理解がされている。

① 単純な記述的知識の発言
・凸版印刷には無人車がたくさんある。
・搬送車は近づいたら音楽が鳴るのでよく工夫している。
・自動搬送車は近づいたら止まる。

② 分析的な判断を加えた発言
・エースコックでは機械で段ボールに入れて運ぶ仕組みがあるから無人車は必要ない。
・エースコックでは、無人搬送車のかわりにベルトコンベヤーがある。
・トラックに載せる時には搬送車ではなくフォークリフトで積んでいる（から搬送車は必要ない）。
・自動搬送車がいきなり来たら（人が）あぶないから、センサーがついていて音楽が鳴る。
・工場の倉庫内部では無人搬送車が必要ではないか。
・仕事場では自分の役割とか仕事するところは決まっている。
これらの発言をみると、ベルトコンベヤーによる大量生産の工夫や、役割分担、分業など大規模工場の特徴を子どもなりにとらえている。

③ 討論を展開させる発言

討論の中で、話の流れを作るのに重要な発言もある。

たとえば、この無人搬送車についての話は、たった一人の発言をきっかけにしている。

この発言がなければ、この後の話はなかった。

また、

「搬送車なんか音楽鳴らさんでもいいと思います」

「別に無人じゃなくてもいいんじゃないんですか」

などの発言があり、それは思いつきのようだが、これ以後の討論がそこから活発になっている。

ある意味では他の子どもたちの盲点をつく、討論を点火させる役割を持った発言である。

「工場の倉庫内部で、荷物を運んだりするのにやっぱり必要になってくると思います」

などの発言は、自分の予想、仮説を述べており、他の子どもたちにない考え方を提示している。

さらに、

「そんなに無人搬送車が気になるんだったら、エースコックに行って、なぜ無人搬送車がないか聞いてくればいいと思います」

と言った子がいた。

これは今後の調査活動を引き起こす発言である。

この取り組みから、私は次のようなことを学んだ。
① 討論を授業の中に取り入れる手法は、楽しい活動を保証しながら教科の特性に触れさせる上で、また基礎、基

本を押さえる上でも有効。

② そのためには、豊富な調査活動を意図的に仕組むことが前提条件。

③ 楽しい討論をするためには、子どもたちの思考を刺激する課題を設定することが必要。それは、教師が設定した方がよい。

④ 立場を機械的に二分するディベートの手法よりも、課題そのものの面白さに依拠した方が自然。

⑤ 逐語録をきちんと分析することで、授業の課題が明らかになり、次の研究課題も浮かんでくる。

また、討論を活性化させるためには、調査活動の方法を、もっと子どもたちに習熟させる必要がある。資料集めの方法、記録用紙の記入方法、調査計画の立て方、質問の仕方、統計的な調査の方法など、教師側がきちんとしたプランを持って年間の指導計画を作ることが必要である。

また逆に、討論の授業をめざすことによって、このような調査能力も身についてくる。

四　ポイント④明確な言葉で指導せよ

明確な言葉で指導し、子どもたちに技能を意識させる。

1　「向山型算数」は子どもに学習技能をメタ認知させる

教科の学習では、当然のことながら教科の内容が目標になる。

算数の時間では、たとえば筆算ができるようになることが目標であって、「ノートの使い方」を目標として明確に意識することは少ない。

社会科の時間では、たとえば「古墳のつくり」と「大和朝廷の国家統一」についてわかることが目標であり、「発表の仕方」を目標として明確に意識することは少ない。

これが、学習技能の指導が曖昧な原因の一つである。

向山型算数では「ノートの書き方」「定規の使い方」「チェックの仕方」「算数での発表の仕方」などを明確に意識している。

子どもたちには算数の学習内容と同時にそれらの学習技能も継続的に明確な言葉で指導される。

だから、力がつくのである。

子どもたち自身が「意識して」技能をとらえるようになる。

「自分が定規で線をまっすぐに引けるようになった」ということを明確に意識するのである。

そのことは、向山型算数で指導された子どもたちの感想文が如実に証明している。

これを学習技能についての「メタ認知」を持った、と言ってもいい。

自分の獲得した技能を、一つ上の視点から認識しているのである。

2　明確な言葉で指導するから子どもが学習技能を意識する

社会科なら、子どもたちは「古墳のつくり」がわかればよいのだと思っており、自分にどのような「発表の仕方」が身についたかということを、通常意識していない。

つまり「メタ認知」を持っていない。

「メタ認知」を持つということは、子どもたちが自分の技能について客観的に意識しているということであり、自分でそれを評価しているということである。

そのためには、「明確な言葉で指導する」ことが大切である。

3　「発表の準備」を指導する

私は、六年生の五月ごろ、次のような学級通信を出した。

〈学級通信「夢現」〉

このあいだの遠足では、全員が三草古墳を見学しました。

何人かは播中公園の古墳も実際に見に行きました。

また、ほとんどの人が本や資料集を使って古墳のことを調べてくれました。

そして、それを自学に書いてくれました。

中にはすばらしい調べ方で、「夢現」に紹介したものもあります。

そこで、次の段階として、調べたことをクラスの中で発表してもらいます。

どんなによく調べていても、それを人に伝えなければ意味がありません。

① 調査→ ② 発表→ ③ 質問→ ④ 話し合い→ ⑤ 疑問→ ⑥ 調査

「調べ学習」とは、おおまかに言えば、このような順に進むのがいいのです。

調べて自学に書いただけでは、まだ完全ではないのです。

このような「発表する力」は、「プレゼンテーションの技術」などと言って、皆さんが社会に出た時に大変に高い評価をされる力となるのです。

しかし、発表しろといきなり言われても、すぐには無理でしょう。

準備が必要です。

一時間の準備の時間をとります。次のような準備をして下さい。

① できるだけ、自分自身が実際に見て感じたことを入れる。
② 発表することを文章に書いておく。（しかし、できるだけ見ない）
③ 何かを見せながら発表する。（何かの実物、絵、写真、地図、グラフなど）
④ 数字を入れて発表する。（大きさ、面積、数……）

他に「問題を出しながら発表する方法」や、「インタビュー形式で発表する方法」、「ニュース番組のように発表する方法」などもあります。

ついでにもう少しヒントを出すと、

「四コママンガ方式」

「ファミコン方式」

「劇方式」

など、いくらでも方法は考えられます。

自分らしさを出していればいいのです。

できればユニークで、面白く、見ている人があきないようなものがいいのですが、はじめからそんなに上手にしようとしなくてもかまいません。


今回は練習ですので、「一人で」発表することとします。

発表時間は一人二分です。

発表はビデオ録画します。

内容は「古墳」についてなら何でもいいのです。

二分しかないのですから、あれもこれも発表することはできません。

何か一つに絞って「自分らしさ」を出して下さい。

先生は、「時間」「声」「内容」「工夫」の四点で評価します。

皆さんも友達の発表をいろいろな観点で評価してあげて下さい。

どの人の発表を高く評価するか（ベストスリーぐらい）、なぜその発表がいいのかということを、後で言ってもらいます。

もちろん先生も言います。

人の発表を聞きながら、いいところや感想、疑問をメモしましょう。


準備では次のことをして下さい。

①　古墳のことで、何を中心に発表するか決める。 ②　見せる物を作る。 ③　時間どおり終われるように練習する。

内容は、実際に見学したことでも、本などから調べたことでもかまいません。

見せる物や資料は、画用紙や模造紙などを自由に使って下さい。

他に必要なものがあれば先生に相談して下さい。全員に見せるのですから、よく見える大きさでなければなりません。

また、必ず練習、つまりリハーサルをして下さい。

その際には実際に時間を計ってやって下さい。

二分で終わるというのは思ったより難しいものです。
練習しなければ、絶対に時間どおりに発表することはできません。
二分といったら、二分を超えてはいけません。
しかし、短すぎてもダメなのです。
せめて一分五〇秒ほどはないと、まとまった発表はできません。

発表は九日の木曜日の社会科の時間から行います。

ついでながら、この時の六年生の一学期には、次のようなテーマで学習をしていた。
提示テーマはすべて教師が選んだものである。
しかし、その後の調べ学習はそれぞれの個性が発揮される。

① 全体の年表の書き方（概観）
② 修学旅行で行く歴史上の史跡を調べよう（調査）
③ 縄文時代と弥生時代、あなたはどちらに住みたいか（話し合い）
④ 古墳について調べよう（調査）
⑤ 古墳について発表しよう（発表とビデオ撮り）
⑥ 平安時代で大切だと思うできごとを五つ選ぼう（作業と発表）

⑦　十二単の女性はどうやってうんこをしたのか（「寝殿造」について、予想と発表）
⑧　平安時代について新聞を作ろう（調査と作業）
⑨　鎌倉時代で代表的な人物を選び、その人のエピソードを三つ挙げよう（調査と発表）
⑩　頼朝と義経はどちらがえらいと思うか（話し合い）
⑪　鎌倉時代の人物について新聞を作ろう（調査と作業）
⑫　桃太郎のモデルはだれか（予想と発表）

五　ポイント⑤すぐに学習活動に入れ

余分な活動を排し、すぐに学習活動に突入する。

1　集中力の見られない二年生たち

始業式で初めて出会った二年生たちは集中していなかった。
隣や後ろの子とひっきりなしにおしゃべりをしている。

時々立ち上がってしまう。

ひたすらねんど遊びをしている。

転任した学校での始業式。

体育館の中のできごとである。

体育館には翌日の入学式の準備ができている。

この学校では入学式と同じ席にすわって始業式をする。

その席にねんどを持ち込んでいる。

常に体を動かしている。

絶え間ないおしゃべり。

かろうじてすわっている状態だ。

この子どもたちが、きちんと学習技能を身につけ、落ち着いて授業に取り組むようになるのである。

2　すぐに学習活動に入れ

すぐに学習活動に入れ。


向山洋一氏から学んだ法則である。

学習技能を育てるというと、何かとても難しくややこしいイメージがあるが、実はそうではない。

チャイムが鳴ったらすぐに学習活動に入る。

このような教師の単純な積み重ねが一番大切なのである。

教師が教室に入ると子どもたちがガヤガヤしていたり、まだ席に着いていない子がいたりする。

その時に、

「静かにしなさい。席に着きましょう」

と注意から始めるのは一番まずい指導である。

すぐに学習活動に入らせる方がよい。

3　次々に作業指示を出す

がやがやしていても注意をせずに、子どもたちの前に立ってすぐに指示をする。

「全員起立。『えいっ』の六段落を声に出して読みます。読めた人からすわりなさい」

ざわざわしながら、どんどんすわりはじめる。

まだすわっていない子がいても、たたみかけるように次々と指示する。

「もう一度全員起立。隣の人と向かい合いなさい。『えいっ』の初めから、隣同士で丸読みをします。先生がやめと言うまで続けなさい。用意、始め」

教室の中はどんどん集中しはじめる。

「やめ。すわりなさい。六段落まで読めたところは手を挙げなさい。すばらしいですね」

「六段落を指で押さえなさい。隣の人と同じところを押さえていますか。比べてごらんなさい」

「ノートを開けなさい。六段落を先生が黒板に書きます。同じように写しなさい」

このあたりでもう教室はシーンとなっているはずである。

算数でも体育でも同じことである。

六　ポイント⑥できる見通しを持たせよ

「できる見通しを持たせる」ことが集中した活動を生み出す。

1　まとめの練習問題にどう取り組ませるか

集中した活動がなければ、技能など身につきようがない。

逆に、教室の雰囲気がピンと集中するようになってくれば、子どもたちの技能もどんどん伸びていく。

算数で、まとめの練習問題などに取り組ませる時がある。

筆者の勤務校が使っている教科書の「引き算の筆算のまとめのページ」を例に挙げてみよう。

一番が一五問、二番は六問、三番は一〇問、ここまで全部で三〇問以上もある。

四番と五番は文章題である。

さらに発展問題として「ためしてみましょう」というのが八問ある。

計算に抵抗のある子なら、これは見ただけでいやになる。

一時間の間、クラス全体が集中してこの練習問題に取り組むようにするにはどうすればいいだろうか。

2　時間がきたらすぐに指示をする

これも、時間がきたらすぐに指示をする。

「七六ページの『おけいこ』をします。初めの五問ができたら持ってきなさい」

子どもたちが取り組みはじめたら、チョークで線を引いて三段×一〇列の三〇ほどに黒板を分割する。

それぞれの部分に問題の番号を書く。

そのころに最初にできた子がノートを持ってきはじめる。

「はい、合格。あなたは一番の計算を黒板に書いて下さい」

と指示する。

ノートを見て一問だけ丸をつけたら、最初に持ってきた子から黒板の一番のところに計算を一つずつ書かせていくのである。

計算の横には名前も書かせる。

「次の五問ができたら、また持ってきなさい」

書けたらまた席に戻って続きをする。

黒板には、初めから順々に答えが書かれていくことになる。

計算の苦手な子の中には黒板を見て写す子もいる。

それはそれでよい。

また次の五問ができたらノートを持ってくるが、二回目の子には丸だけつけて続きをさせる。

まだ黒板に書いていない子が持ってきたら次々に書かせていく。

半分くらい黒板が埋まった段階で、二〇分程度経過していた。

ここで一度ストップをかける。

3　できる見通しを持たせる

「まだ黒板に書いていない人、立ちなさい」

立った子の名前を黒板の空いている番号のところに書き、すわらせる。

私のクラスは二八名なので、これで全員の名前が書かれたことになる。

「名前が書かれた番号の問題を先にやりなさい。できた人から書きに行きなさい」

この後はノートを見せにくる子への対応と、板書しにくる子への助言などで少し慌ただしくなる。

黒板に全員が答えを書いた時点で残り時間一〇分くらいになった。

速い子はすでに四番・五番へ進んでいる。

「黒板に書いてある計算が全部ノートに書けている人は、ノートを出して終わってよろしい」

この時点で四番以上まで進んでいる子は途中でもすぐに休み時間にしていいわけだが、速い子の多くは終わろうとしない。

最後の問題まで仕上げようと、ぎりぎりまでねばる子もいる。

遅い子でも、黒板を見れば答えが書いてあるのだから終わりの見通しが持てる。

最も遅い子で、終わりのチャイムが鳴ってから数分で書き終わった。

これで、全員が最低二八問は練習問題をノートに書いたことになる。

やることがはっきりしていて、見通しが持てたから子どもたちは集中したのである。

また、時々ノートに丸をもらって黒板に書くという細かくて小さな達成感が用意されていた。

それぞれの子のスピードに応じた取り組み方もできる。

それでいて、順々に板書させていくことは競争している感覚があり、ちょっとした緊張感もある。

このような手立てを取り入れた授業が普段から繰り返されると、少しずつ長時間集中できるようになってくる。

授業の中での小さな工夫を続けることこそが子どもの集中力を鍛え、学習技能を育てる。

Ⅱ

学び方技能系統化細案

—子どもにこんな力をつけたい—

一　具体的なイメージを全体像として描く――年間の見通し――

「学び方技能」を育てるために、私は次の三点が大切であると考えている。

① 全体像をイメージし、計画を立てる。
② 計画的かつタイムリーに指導する。
③ 楽しく鍛える。

まず「年間の見通し」にかかわる部分について少し詳しく考えてみたい。

「総合的な学習の時間」は「自ら学ぶ時間」と言われており、従来の教師主導による「指導」を悪いことのように言う向きもあるという。

しかし、児童の「興味・関心」に迎合して一時間中遊んでいるような活動に、私は疑問を持っている。

「総合的な学習の時間」は正規の授業時間である。

学習指導要領には、その「ねらい」もハッキリと明示されている。

その「ねらい」を達成するための「指導」と「評価」を教師が行うのは当然の義務である。

「総合的な学習の時間」のねらいを、今さらここに書くまでもないだろうが、その第一番目は次である。

資質や能力を育てること

これが目標であるならば、「その時間で、あるいはその単元で、具体的にどのような資質や能力を育てたか」ということを言えなければ、その「総合的な学習の時間」は失敗である。

1 「学び方・調べ方技能・系統表」を学校ごとに作成せよ

私の勤務校では昨年、次ページのような「学び方・調べ方技能・系統表」を作成した。

これが「全体像をイメージする」ということである。

「学び方の身についた子どもとはどのような子どもか」というイメージを描くとは、このように具体的な項目を抽出するということなのである。

この表を見れば、子どもたちの具体的な活動場面が思い浮かぶだろう。

たとえば、中学年の欄の「表現する」の項目を見てみよう。

- 班で役割を決めて発表する。
- 場所、時間、様子などを入れて正確に報告する。
- 表やグラフや絵図を使って発表する。
- 質問や反論、結論や理由を明確にして話し合いをする。

筆者の勤務校の中学年では、どのクラスでも最低これくらいの能力は、「総合的な学習の時間」の中で保証しようと努力しているわけである。

学び方・調べ方技能・系統表　　滝野南小学校

		問いを見つける ⇒	情報を集める ⇒	情報を整理する ⇒	表現する ⇒	⇒
低学年↓	主に身近なところから	・家庭での生活の中から問いを見つける。 ・学校での生活の中から問いを見つける。	・家の人からの聞き取りをする。 ・家や学校で見たこと，聞いたこと，触ったことなどを絵や文に書く。	・絵日記，紙芝居，劇などの形で時間順に整理する。 ・簡単な図や地図に表す。 ・調べたことをもとに絵画や造形をする。 ・自分の経験に結びつけて整理する。	・みんなの前で発表する。 ・物を見せながら発表する。 ・ごっこ，動作化，劇など身体的な表現活動をする。 ・順序を考えて話し，つけたし，質問，応答などの話し合いの初歩を身につける。	新しい問いを見つける
中学年↓	主に地域から	・地域を歩いて問いを見つける。 ・様々な施設を見学して問いを見つける。	・計画を立てて調べる。 ・調べたことをカードに書く。 ・様々な実物資料を集める。 ・図鑑や資料集で調べる。 ・手紙を出して質問する。	・新聞，ポスターなど整理の仕方を工夫する。 ・簡単な表やグラフに表す。 ・調べたことをもとに班で情報を整理する。 ・他の情報と比較して整理する。	・班で役割を決めて発表する。 ・場所，時間，様子などを入れて正確に報告する。 ・表やグラフや絵図を使って発表する。 ・質問や反論，結論や理由を明確にして話し合いをする。	
高学年↓	主に資料から	・様々な資料・メディアから問いを見つける。 ・予想を立てながら問いを見つける。	・計画を表などにまとめて調べる。 ・新聞，テレビ，インターネットなど各種メディアの切り抜き・録画などを集める。 ・目次，索引などを使って効率的に調べる。 ・問いに沿って観点を決めて調べる。 ・継続的に調べる。	・ビデオ，コンピュータによるプレゼン，説明文など効果的な整理の仕方を工夫する。 ・年表や各種の統計に表す。 ・調べたことをもとに自分で決めた手法で情報を構成する。 ・情報間の因果関係を抽出しながら整理する。	・事実やデータを根拠として示しながら報告する。 ・ＯＨＰ，コンピュータなど各種のメディアを使って効果的に報告する。 ・自分の意見や問いに対する仮説を示しながら報告する。 ・意見のずれに気づき，自分の考えを加えてまとめる発言をしたり，新しい問題を提起し，次につながる発言をする。	

そう考えれば、各担任は授業の中で子どもたちに対して具体的な働きかけをしなければならない。

2　「総合的な学習」なら、さらに「分野ごとの活動例」を示せ

しかし、これだけではまだ「計画を立てた」ことにはならない。

これを、さらに「国際理解」「情報」「環境」「福祉」の四つの分野に展開し、それぞれに「ねらい」と「活動例」を示した。

「情報」の表の中にある、中学年の「学び方」には次のように示されている。

・カード化して整理するなど簡単なＫＪ法を使うことができる。

・情報を集めて整理し、気づいたことをまとめながら、情報処理の基本的な流れを体験する。

これは系統表の中の情報の整理や比較をさらに詳しくしたものだ。

このような活動を意図的に授業の中に組み込むのである。

3　各担任は年間指導計画に「学習技能」を意識的に組み込め

さらに、各担任は年間指導計画の実際の時間配当の中にこれらの表に出てきた技能を書き出し、位置づけ、授業の流れを組み立てるのである。

ここまでやって、「年間の見通し」を立てたということになるのである。

ただし、計画を立てたからといってすぐに力が育つのではない。

> ② 計画的かつタイムリーに指導する。
> ③ 楽しく鍛える。

この二つのことが次に必要になる。

詳しくは拙著『3年生の「学習技能」を鍛える』（一九九七年、明治図書）を参照いただければ幸いである。

次に、「全体像をイメージできる」ということを、もう少しつっこんで考えてみよう。

4 全体をイメージできる力量とは何か

教師が学校の子どもたちの前で行うことは、どのような細かいことであれ、何もかもすべて意味がある。

いきあたりばったりで適当にやっているのではないのである。

このような技能は、おおまかに言って、いくつぐらいあるのだろうか。

どれぐらい知っていれば基本は合格と言えるだろうか。

グラフ、地図などは教科に特有の技能である。

算数にも、国語にもそのようなものがある。

私は社会科を研究してきたので、社会科の学習技能についてピックアップしたことがある。

そこでわかったことは、技能には汎用性を持つものがあるということだ。

たとえばノートを評定する技能は、地図を読み取る技能に比べて汎用性がある。

汎用性（普遍性と言ってもいい）の高い技能を一般技能と言う。

逆にあまり汎用性のない技能を特殊技能と言う。

私は、学習技能を社会科を中心にして一覧表にした。

ここに出てくる技能を子どもたちに育てる時、最も大切な視点が、「全体像をイメージできる」ということなのである。

二　〝学び方技能〟の系統化―一覧表作成の試み―

校内研究で私が提案してきた「系統表」のバックボーンには、今から述べる社会科に絞っての研究があった。

他の本にも載せた文章だが、再掲したい。（初出…『社会科教育』誌、一九九六年六月号）

1　社会科学習技能の「全体像」をとらえる

ここでは、社会科の学習技能について、六学年分の全体的な一覧をしてみたい。

その全体像をイメージすることが、見通しを持った指導にとって重要である。

ア　なぜ学習技能の一覧表が必要なのか

なぜ一覧が必要か。

非常によく鍛えられたクラスを参観させていただくことがある。

力のある先生が一年間担任すれば、子どもたちは見違えるように成長する。

子どものノートを見ても、掲示物を見ても、発言を聞いても、自分のクラスとの大きな違いを感じる。

どうしてそんなにすごい子どもたちが育つのか私にはわからなかった。

それは、学習技能と言われるものをその先生が具体的にイメージし、意識して、ふだんから子どもたちに身につけさせているからではないか。

『社会科教育』誌一九八九年四月号の編集後記に樋口雅子編集長はこう書いている。

> すぐれた授業者・いわゆる名人の授業を見る。さすがと思う。
> どうして私とあれだけちがうのだろう、と実践記録を読む。
> しかし、何か、どうもいまひとつ、そのヒミツがつかめない。
> きっと何かを隠しているのだろう—と思う人が少なくないようです。（中略）
> しかし、これは私のカンにすぎませんが、多くの場合、公開していないというより、子供の学習技能育成への指導面が語られてきなすぎた—ことに大きな原因があるのではないか、という気がしてなりません。

私の問題意識はここから出発したと言ってよい。

そうした個々の先生の力量にゆだねられていた部分を、組織的、計画的に育てることが必要ではないかと考えた。


全体をイメージする力量を持ちたい。

学習技能について全学年にわたって具体的に論じているのは、私の知る限り有田和正先生だけである。

有田先生の本は具体的で非常に参考になる。

しかし、有田先生の本から、学習技能を指導する全体的なイメージを持つことは、私にとって難しかった。

個々の技能を指導する視点はわかるのだが、全体像を統合してイメージすることができなかった。

そのためには個々の指導技術のみを見ていてもだめだ。全体をざーっと概観できることも必要なのである。

有田先生は「はてな」や「追究」の言葉でそれを表現されていると思うのだが、はっきりとはわからなかった。

その点で有田先生との力量の差が途方もなく大きすぎると感じた。

有田学級ほどでなくてもいい。

有田先生のように「しかける」ことや「面白く教える」ことは高度である。

「はっきり教える」のでもいい。

子どもたちに身につけさせたい技能を一覧できるものがあれば助かるのではないか。

その一覧の中から必要なものを選択すればよいのである。

一人でやっても追いつけなければみんなで組織的にやればいい。

また、一覧を作る作業そのものによって、少しでも有田先生のような見通しを持った力量に近づけるのではないかと考えた。

イ　「学習技能とは何か」を考える

学習技能とは何か。

「学習技能」の「全体」をすべて示すことは実は不可能である。

「学力」という言葉が曖昧なのと同様に「学習技能」という言葉には枠がない。

きちんとした定義をすることは非常に難しい。『教育学大事典』にも、「学習技能」は載っていない。

技能と言うからには、少なくともその力がその単元の授業だけではなく、他の授業の中にも形を変えて転移することが必要である。

また、技術とは違って、習熟していなければ技能とは言わない。

継続的な取り組みによって習熟することが大切なのである。

たとえば、有田和正先生の言う「追究する力」も学習技能であろう。

有田先生はその他に「はてなを発見する技能」や「調べる技能」などを挙げている。

細かく言えば、ノートをどう使うかなども学習技能の一つである。

テーマから結果を予想し追究していく力と、ノートの使い方とでは、中身が違いすぎる。

このようなカテゴリーの大小があるため、学習技能を整理してイメージすることは、正直言って私にはかなり困難であった。

しかも学習技能は、具体的な単元の実際の授業の中で身についてくるものである。

何らかの学習活動を通してしか身につかない。

だから学習技能の部分のみを切り取ってカリキュラムにすることには、かなり無理があるとも考えられる。

しかし、こうしたことを承知の上で、あえて学習技能を指導する「目安」のようなものを作ろうとしたのである。

ウ　社会科における学習技能とは「情報処理能力」のことである

社会科における学習技能とは「情報処理能力」のことだと私は考えている。

情報処理の一般的な流れとして、次の五段階が考えられる。

① 問題を発見する。
② 情報を収集する。
③ 情報を整理する。
④ 情報を分析する。
⑤ 問題に答え、新たな問題を発見する。

そこで、私はこの流れに沿って学習技能を整理してみようと試みた。

しかし、そう簡単にはいかない。

たとえば①と⑤の「問題を発見する技能」を細かく挙げていくと、他の分類で挙げた技能と同じになってしまうのである。

「問題を発見する技能」は、どの段階でも存在すると言えるからだ。

収集しながらでも、分析しながらでも、問題の発見はあり得る。

そこで、「問題を発見する技能」は「情報を分析する技能」のところに「情報処理の流れ」として書いておくことにし、次のように枠組みを絞ることにした。

① 情報を収集する技能
② 情報を整理し、表現する技能
③ 情報を分析する技能

また、「表現する技能」を「整理する技能」と同じところに位置づけて、他と区別した。表現する技能は、筆者の勤務校の研究テーマとかかわるため、この部分にウエイトを偏らせたのである。筆者の勤務校では「他人に伝える目的で、他人にわかる形に情報を整理し、加工し、伝達すること」を、社会科における表現と呼ぶことにしている。

技能の分類の仕方はたくさん考えられようし、その先行研究もある。「入力と出力」という分類を試みたこともある。

いずれにせよ、一つの案である。

他に使いやすい形があればその方がよい。

2　学習技能の一覧表を提案する

私が作成した一覧を資料として示す。（表1、2、3）

表１

1　情報を収集する技能	3年	4年	5年	6年
(1)　目的を決めることができる	■	■	■	■
(2)　結論を予想できる	■	■	■	■
(3)　調べる方法を考えることができる	■	■	■	■
①　調べる計画を立てることができる	■	■	■	■
ア　調べたいことを出し合うことができる	■	■	■	■
イ　調べたいことをカードに書き、ＫＪ法でまとめることができる		■	■	■
ウ　計画を表にまとめることができる		■	■	■
②　調べる方法を考えることができる	■	■	■	■
(4)　調べることができる				
①　実物的資料を集めて				
ア　写真、絵葉書、ラベル、パンフ、ガイドマップなど	■	■	■	■
イ　テレビの録画、新聞の切り抜き、ラジオの録音など			■	■
②　文献的資料で				
ア　本				
1　教科書、社会科資料集	■	■	■	■
2　社会科副読本	■	■		
3　地図帳		■	■	■
4　事典、図鑑、統計年鑑など	■	■	■	■
・　目次や索引を使って検索できる		■	■	■
イ　新聞、雑誌、公共施設の資料など	■	■	■	■
③　手紙を出して	■	■	■	■
ア　質問の意図と、これまでにわかったことを書ける	■	■	■	■
イ　知りたいことをはっきりと書ける	■	■	■	■
ウ　お礼を書ける	■	■	■	■
④　現地調査で				
ア　観察				
1　いろいろな方法で				
・　音を聞く、手でさわるなど	■	■	■	
2　いろいろな観点で				
・　事物（道、建物、看板、自然、人、標識、道具、機械など）	■	■	■	■
・　数量（いくつ、どのくらいなど）	■	■	■	■
・　方角、向き、高低など	■	■	■	■
・　傾向（多い、少ないなど）	■	■	■	■
・　時間（何時、いつから、いつまで、季節など）	■	■	■	■
3　ノート、観察カード、白地図などに記入しながら	■	■	■	■
・　たくさん書ける	■	■	■	■
・　箇条書きにできる	■	■	■	■
・　記号を使って書ける		■	■	■
・　図解や流れ図で書ける		■	■	■
・　テーマや予想にそった内容を書ける			■	■
・　自分の考えや疑問を書ける	■	■	■	■
4　スケッチ、写真、ビデオなどをとりながら		■	■	■
5　継続的に		■	■	■
イ　聞き取り				
1　聞きたいことを整理して聞ける	■	■	■	■
2　くわしく聞き直せる		■	■	■
3　聞きながら工夫してメモできる		■	■	■

・　頭注、脚注をつけて	□	□	□	■
7　友達の作品などにコメントを書く	■	■	■	■
(3)　地図や年表、統計による表現				
①　床地図や絵地図				
ア　カード化したものを貼り付けて	■	□	□	□
イ　テーマを決めて	■	■	□	□
ウ　地図中にコメントを入れて	■	■	□	□
エ　地図記号を考えて	■	□	□	□
②　地図				
ア　白地図に地図記号などを貼りつけて	■	□	□	□
イ　白地図に調べたことを書き込んで	■	■	■	□
ウ　立体地図をつくる	□	■	□	□
エ　統計地図をつくる	□	□	■	■
③　表やグラフ				
ア　調べたことを表にまとめる	■	■	■	■
イ　表からグラフを作る	□	□	■	■
ウ　グラフの種類を選択して	□	□	■	■
エ　絵グラフなどを工夫して	□	□	■	■
オ　２つのグラフを重ねて	□	□	■	■
④　年表、				
ア　絵年表にまとめる	■	■	□	■
イ　年表にまとめる				
1　時代を絞った年表をつくる	□	■	□	■
2　テーマを絞った年表をつくる	□	■	□	■
3　年表の作り方を工夫する				
・　カードに絵を書いて年表にはる	■	□	□	■
・　カードに文を書いて年表にはる	■	□	□	■
・　年表に絵や文をつけたす	■	□	□	■
・　変化しなかったことを書く	■	□	□	■
・　気がついたことや感想を書く	■	□	□	■
(4)　映像による表現				
①　写真	□	■	■	■
②　ＴＰ	□	□	■	■
③　ビデオ	□	□	■	■
(5)　造型（ものづくり）による表現	■	■	■	■
(6)　コンピュータによる表現	□	□	■	■
(7)　構成活動による表現				
①　紙芝居・絵巻物	■	■	■	■
②　案内図・ガイドマップ・パンフ	■	■	■	■
③　ポスター・コマーシャル	■	■	■	■
④　カルタ・すごろく	■	■	■	■
⑤　パノラマ	□	■	■	■
⑥　卒業論文	□	□	□	■
⑦　壁新聞・個人新聞・歴史新聞	■	■	■	■
ア　インタビュー記事を入れて	□	■	■	■
イ　パンフレットなどを貼って	□	■	■	■
ウ　絵を入れて	■	■	■	■
エ　特集を決めて	□	□	■	■
オ　レイアウトを工夫して	□	■	■	■
カ　見出しを面白くして	□	□	■	■
キ　切り抜きを貼って	□	□	■	■
ク　クイズを入れて	□	■	■	■
ケ　マンガを入れて	□	■	■	■
コ　広告を入れて	□	□	■	■
サ　表やグラフを入れて	□	□	■	■
シ　社説を書いて	□	□	■	■
ス　事実と意見を区別して	□	□	■	■
⑧　その他	■	■	■	■

表２

2 情報を整理し表現する技能	3年	4年	5年	6年
(1) 身体による表現				
① 模倣、ごっこ	■			
② 動作化	■	■	■	
③ 劇	■	■	■	■
(2) 言語による表現				
① 話し言葉				
ア 発表する				
1 経験や感想を発表する	■	■	■	■
2 実物を見せながら	■	■	■	■
3 根拠の資料を提示しながら	■	■	■	■
4 録音テープを聞かせながら		■	■	■
5 絵を使って	■	■	■	■
6 図を使って		■	■	■
7 写真を使って		■	■	■
8 地図を使って	■	■	■	■
9 グラフを使って		■	■	■
10 数字を入れて		■	■	■
11 問題を出しながら		■	■	■
イ 話し合う				
1 意見を発表する				
・自分の意見を言う	■	■	■	■
・友だちの意見を聞く	■	■	■	■
・質問をする	■	■	■	■
・質問に答える	■	■	■	■
・個人の意見を全体の場で発表する	■	■	■	■
・個人の意見をグループの中で発表する	■	■	■	■
・グループの意見を発表する	■	■	■	■
2 討論する				
・友達の意見に関連させて発言する	■	■	■	■
・根拠となる資料を提示しながら意見を言う		■	■	■
② 書き言葉				
ア レポート				
動機、目的、方法、経過、結果、予想との比較などを入れて			■	■
イ 観察記録	■	■	■	■
ウ 作文	■	■	■	■
エ カード	■	■	■	■
オ ノート				
1 板書を写す	■	■	■	■
2 板書から必要なことを選択して写す			■	■
3 自分の考えを書く	■	■	■	■
4 考えの根拠を書く	■	■	■	■
5 疑問を書く	■	■	■	■
6 書き方を工夫する				
・１ページに１項目で	■	■	■	■
・見出しをつけて		■	■	■
・箇条書きで	■	■	■	■
・記号を使って	■	■	■	■
・色分けして		■	■	■
・絵やイラストを使って	■	■	■	■
・キャラを使って		■	■	■
・吹き出しを使って		■	■	■
・枠囲みを使って			■	■
・流れ図にして			■	■
・地図を使って	■	■	■	■
・写真を使って			■	■
・資料を添付して			■	■
・目次、索引をつけて				■

・ 段彩などがわかる		■		
7 土地利用図を読むことができる		■		
8 距離				
・ 縮尺がわかる		■		
・ 地図上で距離の測定ができる		■	■	
9 地図を見て場所の特徴を指摘できる			■	
ウ 地球儀				
1 緯線と経線の性質がわかる			■	
2 地球儀上の方位の性質がわかる			■	
3 2点間の最短距離を見つけられる			■	■
エ 地図帳				
1 索引から地名を検索できる		■	■	
2 道路や鉄道のようすを地図上で比較できる		■	■	
3 記号の分布を指摘できる			■	■
オ 統計地図				
1 多い少ないなどの分布を指摘できる	■	■	■	■
③ 年表				
ア 歴史事象を指摘できる（どうなったか）	■	■		
イ どのような経過を経てそうなったか説明できる				
1 時間的な前後関係を読める		■		
2 変化の始めと終りを指摘できる				■
3 変化の順番を指摘できる				■
4 中心的なエピソードを指摘できる				■
ウ なぜそのようになったか考えることができる				■
④ 統計グラフ、表				
ア 統計を読める				
1 題名を読める	■			
2 数のけたを確かめることができる	■	■		
3 単位がわかる	■	■		
4 一番多い（少ない）ところを指摘できる	■	■	■	
5 突然増えた（減った）ところを指摘できる	■	■	■	
6 増減の変化の傾向を読める	■	■	■	
7 変化していないところを指摘できる	■	■	■	
イ 2つの統計を比較できる	■	■	■	■
1 多い少ないの傾向を比較できる	■			
2 相関関係を読める		■	■	
3 簡単な因果関係を言える		░	■	■
⑤ 絵、写真、映像など				
ア 想像できることを言える	■	■		
イ 気がついたことやわかったことを言える	■	■	■	
ウ 分布を言える		■	■	■
エ 場所や方向を特定できる			■	■
オ 時間や、時代を特定できる			■	■
⑥ 実物的資料（モノ）	■	■	■	■

表3

3　情報を分析する技能	3年	4年	5年	6年
(1)　情報処理の流れを理解できる			■	■
①　問いを発見できる				
ア　生活体験から問いを発見できる	■	■	■	■
イ　各種の資料から問いを発見できる	■	■	■	■
②　情報を収集できる（別表）				
③　情報を整理・表現できる（別表）				
④　情報を分析できる				
ア　気がついたことやわかったことを言える	■	■	■	■
イ　自分の経験に結びつけて言える	■	■	■	■
ウ　自分の意見を言える	■	■	■	■
エ　比較できる	■	■	■	■
1　違うところを指摘できる	■	■	■	■
2　似ているところを指摘できる	■	■	■	■
オ　因果関係を読める				
1　「○○なのは、～だからだ」		■	■	■
2　空間的な因果関係				
・　「○○は～なところに多い（少ない）」		■	■	■
3　時間的な因果関係				
・　「○○が増える(減る)と～も増えて(減って)いる」		■	■	■
・　「○○が変化したから、～が変化した」			■	■
⑤　問いに答え、新しい問いを発見できる	■	■	■	■
(2)　各種の資料から情報を分析できる				
①　文書的資料（教科書、作文、新聞など）				
ア　タイトルや見出しなどを読める	■	■	■	■
イ　記述的な知識を抜き取ることができる		■	■	■
ウ　わかったことをできるだけたくさん書ける			■	■
②　地図				
ア　ガイドマップ、絵地図、鳥瞰図などから気がついたことを言える	■	■		
イ　市や町の地図				
1　地図の輪郭から想像したことを言える	■			
2　位置				
・　学校のある場所を特定できる	■			
3　方位				
・　地図では一般に上が北であることがわかる	■			
・　四方位がわかる	■			
・　八方位がわかる	■	■		
・　方位から位置を指摘できる	■	■		
4　地図記号				
・　主な地図記号がわかる	■	■		
・　地図記号の分布から気がついたことを言える	■	■		
5　境界線がわかる		■	■	
6　高低				
・　地形図を読むことができる		■		
・　等高線を読むことができる		■		

当然のことだが、三つの分類は表1の技能から表3の技能へと順番に学習するのではない。三つが関連して絡まり合っている。

学習技能の全体的なイメージを概観することが目的である。

つまり、この一覧表はチェックシートのように使ってもよいし、必要な部分だけを抜き取ってもよい。

また、発表のところやノートのところなど、社会科だけの学習技能とは言えないようなものもある。

しかし、ある程度実践的なものでなければ使えないので、必要と思うものはすべて入れることにした。

私個人が実践したことがあるかないかで項目の詳しさに多少の偏りができた。

細かく見れば、似たような項目が重なっているところも出てきたが、それもあえてそのままにした。

今回提示した学習技能のソースは、その大半が教科書である。

ほとんどは、筆者の勤務校で使用している教科書から拾ったものである。

3　学習技能の一覧表をもとに、計画的な指導を具体的に展開する

さて、この一覧だけでは使えない。どう使うかが示されていないからだ。日々の取り組みの中でどのように具体化するかも考えておきたい。

そこで若干の補足をする。

ア　年間指導計画への位置づけをせよ

学習技能を三段階に分けて一覧を示したが、学年別に展開する年間指導計画の全体は提示しなかった。

内容による分類の方が全体を見渡すには都合がいいからだ。

ただし、どの学年で主に扱いたいかという目安を一覧の中で示した。

これはあくまでも目安である。

なぜこの技能がその学年かという、根拠があまりないものもある。

何年生でも扱えるようなものもある。

しかし、それでもよいと考える。

学校で取り組んでみて、都合が悪ければ変更すればよい。

そのためにも、やはり案だけは必要と考えて学年を示すことにした。

学年を示す際には、主に教科書での扱いを参考にし、後は私の独断（直感？）である。

学年ごとの「学習技能の年間指導計画」は、この一覧を下敷きに各担任が年度当初に作成するのがよい。

担任がクラスの子どもの実態を最もよく知っているのであるし、実際に授業をするのは担任であるからだ。

社会科の年間指導計画と、この一覧をもとに、各単元や学活などに学習技能を振り分けるのである。

ここでは、私が仮に作成した五年生の年間計画を例として示す。（次ページ）

		その他継続した取り組み
整理・表現	分析	
白地図に産地を書き入れる わかったことを書く 個人新聞をつくる パンフレットをつくる （写真や図解を工夫して） 友達の作品にコメントを書く 資料を示しながら意見を発表する グループの中で発表する	統計の単位がわかる 統計から変化の傾向を読める 項目が2つ以上のグラフを比較する （傾向を比較できる） （相関関係を読める） （簡単な因果関係を言える） 地図帳で地名を検索する （索引）	↑ 朝の会の発表
予想を白地図に書き込む 調べたことを表や流れ図にまとめる 工夫してノートにまとめる 根拠に基づいて発言する 友達の意見に関連させて発言する	教科書の文章から情報を抜き出せる 統計地図を読みとる （分布を読める） （分布を比較できる） （分布の因果関係を推測できる）	給食の時間の発表 「わたしの考え」 「今日のニュース」 「ラベル調べ」
情報をカード化して資料を整理する パンフレットやガイドマップをつくる 資料の作り方や発表の仕方を工夫する	いろいろな資料を読む グラフから事象間の因果関係を推測する 地球儀を使う （緯線，経線，方位など）	自学での自由研究
コンピュータやVTRで情報を整理する コマーシャルをつくる テーマを決めて討論する	情報処理の流れを理解する	
白地図に書き込む 表にまとめる 統計地図をつくる	地図から読み取る （分布を読める） （検索できる） 絵を見て多くの考えを出せる	↓

（資料１）　社会科学習技能　年間指導計画　５年

月	単元名	時数	学習技能 収集
4 5 6 7	1わたしたちの生活と食料生産 (1)米づくりのさかんな地域 ・滝野の米づくり ・庄内平野の米づくり (2)野菜づくりのさかんな地域 (3)日本の農産物と耕地 (4)水産業のさかんな地域 (5)これからの食料生産	35 (10) （9） （7） （6） （3）	箱・ラベル・シールから産地調べをする 地図帳で検索する（索引） 手紙を書いて他地域のパンフを収集する インタビューする 写真にとる わかったことを箇条書きにする テーマを決めて調べる 結論を予想して調べる
9 10	2わたしたちの生活と工業技術 (1)伝統的な技術を生かした工業 (2)滝野工業団地 (3)工業地域と工業生産 (4)これからの工業と環境	35 （6） (12) （7） (10)	家の人に聞き取りをする 見学して効率よくメモをとる 聞きたいことを整理して質問する 調べたいことをKJ法でまとめる 計画を表にまとめる
11 12	3わたしたちの生活と運輸 (1)生産地と結ぶ (2)世界と結ぶ (3)貿易と運輸	15 （6） （5） (4)	社会科資料集や地図帳から調べる 図鑑を検索して調べる
1	4わたしたちの生活と情報 (1)情報の働き (2)滝野有線放送で働く人々	12 （6） （6）	テレビ，新聞，などから情報収集する ビデオやデジタルカメラをとりながら見学する
2 3	5わたしたちの生活と国土 (1)人口のかたより (2)環境を守る森林の働き (3)限りある地球と日本の国土	8 （2） （3） （3）	歩いて調べる いろいろな方法，観点で調べる 調査カードに記入しながら調べる

イ　単元の指導計画への位置づけをせよ

さらに、これをそれぞれの「単元の指導計画」の中に書き込むとよい。

単元の指導計画の各時間に、学習技能をはっきりと位置づけて記述しておけば、授業に臨む時の教師の視点がはっきりとする。

学習技能を意識した授業がしやすくなるのである。

できれば「目標」や「評価」などとして明確に書いておくとよい。

私は指導計画に「目標」の欄を作ってそこに具体的に記入した。

ここでは、「滝野工業団地」の単元で私が立てた指導計画を例として示す。（次ページ）

個々の技能の具体的な指導

実際に学習技能が身につくのは、日々の授業の中である。

先に挙げた一覧のそれぞれの技能に対して、具体的な指導の手立てが一つ一つ存在するはずである。

新聞の作らせ方。

問いの出させ方。

発表のさせ方……。

（資料２）　滝野工業団地　指導計画（全12時間）　～技能面のみ抽出したもの～

時	主な発問	評価 観点	評価 方法
1	・身の回りの工業製品をありったけ見つけてみよう。 ○滝野工業団地では何をつくっているのだろう。	・できるだけたくさん調べてノートに書き、発表したか。（収集・表現）	ノート
2	・それぞれの工場では何を生産しているのでしょうか。 ・工業団地の地図を書こう。 ○もっとくわしく調べてみたい工場はありますか。	・自分の予想を白地図に書き込むことができたか。（分析・表現）	児童の書いた予想図
3	・教室の中に凸版印刷で印刷されているものがありますか。 ○凸版印刷で印刷されたものをできるだけたくさんみつけて表にまとめなさい。	・凸版印刷で印刷されているものを学校や家庭で調べて、要領よく表にまとめることができたか。（収集・表現） ・まとめた表をみて自分なりの感想を持ったか。（分析）	児童の書いた表 ノート
4・5	○（カップラーメンを分解して）材料の入手先や、製品の作り方などを予想して流れ図にまとめなさい。	・材料の入手先やオートメーションの様子などに注意しながら予想を立て、わかりやすい流れ図を書くことができたか。（分析・表現）	児童の書いた流れ図
6・7	・質問したいことや、見学で注意しなければならないマナーなどを考えておきなさい。 ・できるだけたくさんのことを、効率よくメモにとる工夫を考えなさい。	・効率よくメモをとれたか。（収集） ・自分で疑問に思ったことなどを質問できたか。（収集）	児童の書いたメモ 観察
8	○エースコック、凸版印刷のすごいと思うところや見学して気がついたことなどを自由にまとめなさい。	・見学して分かったことを自分のやり方で、わかりやすくまとめることができたか。（表現）	児童のまとめのノート
9・10・11	○エースコックと凸版印刷では、どちらがすごい会社でしょうか。	・根拠に基づいてノートにまとめ、発言できたか。（分析・表現）	授業記録（テープおこし）
12	・エースコックや凸版印刷など、日本の工業は私たちの暮らしの中でどんな役割をしているでしょうか。	・自分の考えをノートに書けたか。（分析・表現）	ノート

このような個々の細かな手立てが考えられていないと、どれほど指導計画を立てていても学習技能を習熟させることは難しい。

さらに、日常的に継続して育てる技能も考えられる。

朝の会や、給食の時間の取り組みなどはこれにあたる。

こうした授業の中での細かな手立てが大切である。


学習技能という概念は広義で曖昧である。

しかし、具体的な学習技能を論じるのなら少なくとも「どういう技能を」「どういう目的で」身につけさせるかということと切り離して語ることは無意味である。

その目的に応じて取捨選択できるような内容と方法を提示することが必要である。

三　学習技能の一覧表を提案する――その後にたどりついた結論――

高い学習技能を持つ子どもたちを無理なく育ててしまう教師がいる。

私はそのような腕を持つ教師になりたいと憧れた。

向山洋一氏や有田和正氏の実践記録を分析した。同時に学習技能を整理して取り出す努力をした。

それによって学習技能を身につけた子どもの状態をイメージできる力量を持ちたいと考えてきた。

前項まで述べてきた系統表を作成する試みがその具体化であった。

その後、次の結論を得た。

①　社会科という教科特有の学習技能だけを切り出して分析することは、原理的に不可能である。
②　ただし、いわゆる学習技能を抽出して一覧にし、全体像をイメージすることは可能であり、一定の有効性がある。

1　社会科という教科特有の学習技能だけを切り出して分析することは、原理的に不可能である

たとえば「意見を発表する」というのは、社会科の学習技能とは言えない。

どの教科でも同じである。

では、「年表による表現」なら社会科の学習技能と考えてもよいだろうか。

「年表による表現が上手になった」ということを社会科としてどのように評価したらいいのだろうか。

社会科として考えるなら、それは技能と言うよりも知識である。

「社会科での学習技能」を分析する視点は、社会科の教科としての内容と切り離せない。

社会科において、「年表で表現する」ということは、まず「どんな社会事象を選択したか」ということである。

次にそれを「どのような順番で並べたか」ということである。

事象の選択と時系列の検討などたくさんのことがなされなければならない。

社会科における「学習技能」を評価する視点は、学習の結果として子どもたちが表現した社会科の学習内容である。「社会科の学習技能」と言うのなら、その「系統化」は教科内容のカリキュラムとしてしか表現できない。

2　ただし、いわゆる学習技能を抽出して一覧にし、全体像をイメージすることは可能であり、一定の有効性がある

それでは、現場の授業では「学習技能」など考えない方がいいのだろうか。

実践的に言えば、それは違う。

学習技能と呼べる「何か」があって、それを子どもたちに身につけさせることは可能である。可能であるし、また教師が意識的に指導しなければ子どもたちは高い学習技能を身につけられない。

「総合的な学習の時間」では「資質や能力」が問われている。

ここに示した学習技能の一覧表は、「総合的な学習の時間」の中で使った方がむしろいいのかも知れない。事実、筆者の勤務校では、これをより簡単にした形での「学習技能系統表」を「総合的な学習の時間」の中で使っており、それは本書の七八ページ以下に示した。

私は、社会科の中でもこのような一覧表を意識して授業することが実践的には有効であると考えている。

このように考えてくると、ここに示した学年別の学習技能一覧は、理論的な根拠には乏しいと言わざるを得ない。一人の教師の経験に照らして、直感的に取り出して並べたものと言われても仕方がない。

「なぜその技能なのか」は答えることができない。

それでも、この一覧表には一定の有効性がある。

この表を見れば、子どもたちの具体的な活動場面が思い浮かぶだろう。

「学び方の身についた子どもとはどのような子どもか」というイメージを描くとは、このように具体的な項目を抽出するということなのである。

筆者の勤務校の三学年では、どのクラスでも最低これくらいの能力は保証しようと努力しているということが言えるわけである。

そのためには、各担任は授業の中で子どもたちに対して具体的な働きかけをしなければならない。

さらに、各担任は年間指導計画の実際の時間配当の中にこれらの表に出てきた技能を書き出し、位置づけ、授業の流れを組み立てるのである。

そのような指導は、力量のあるベテランの教師にだけできることではなく、学校として一定の保証をするべきなのである。

各学校として表になっていれば、その学校の考える一定の基準を示すことができる。

このような表を今後インターネット上にも提示し、共有化し、批判をいただきながら改良していきたいと考えている。

3　学年別の学習技能系統表を提案する

次ページ以下に、学年別の「学習技能系統表」を提案する。

３年生にこれだけは身につけさせたい学習技能

問いを発見する技能	情報を収集する技能	情報を整理し表現する技能	情報を分析する技能
⑴１枚の絵や写真から問いを発見できる。 ⑵ビデオの映像などから問いを発見できる。 ⑶各種の地図や地球儀などを見て問いを発見できる。 ⑷各種のホームページを見て問いを発見できる。 ⑸実物を観察して問いを発見できる。 ⑹存在，形態に着目した問いを発見できる。(〜がある。〜が大きい。〜が白い。) ⑺たくさんの問いを箇条書きにしたり，カード化して書き出したりすることができる。 ⑻たくさんの問いをKJ法などで整理することができる。	⑴収集する目的を決めることができる。 ⑵結論を予想できる。. ⑶収集する方法を考えることができる。 ○調べたいことを班の中やクラスで発表できる。 ⑷実際に情報を収集することができる。 ①実物的資料で ②文献的資料で ・教科書 ・副読本 ・資料集 ③手紙を出して ④インターネットで ⑤現地調査で ａいろいろな方法で ・手で触る，音を聞くなど ｂいろいろな観点で ・事物（〜がある） ・数量（いくつ，どのくらい） ｃ書きながら ・たくさん書ける ・箇条書きにできる ｄ聞きながら	⑴体による表現 ①模倣 ②動作化 ⑵言語による表現 ①感想を発表する ②実物を見せながら発表する ③資料を見せながら発表する ⑶文字による表現 ①自分の考えを書ける。 ②友達の考えと比較して書ける。 ⑷地図・年表・統計による表現 ①床地図や絵地図を作る ②絵年表を作る ⑸ものづくりによる表現 ⑹構成活動による表現 ①紙芝居・絵巻物 ②案内図・ガイドマップ・パンフレット	⑴気がついたことやわかったことを言える ⑵自分の経験に結びつけて言える ⑶自分の意見を言える ⑷比較できる ・違うところを指摘できる ・似ているところを指摘できる ⑸各種の資料から情報を分析できる ①文書的資料 ・タイトルや見出しを読める ②地図 ・地図から気がついたことを言える ・地図の輪郭から想像したことを言える ・学校のある場所を特定できる ・地図上の方位がわかる ・方位から位置を指摘できる ・主な地図記号がわかる ・地図記号の分布から気がついたことを言える ③年表 ・歴史事象を説明できる ④統計グラフ・表 ・題名を読める ・単位がわかる ・一番多い（少ない）ところを指摘できる ・突然増えた（減った）ところを指摘できる ⑤絵・写真・映像 ・気づいたこと，わかったこと，思ったことなどを言える

4年生にこれだけは身につけさせたい学習技能

問いを発見する技能	情報を収集する技能	情報を整理し表現する技能	情報を分析する技能
(1)1枚の絵や写真から問いを発見できる。 (2)ビデオの映像などから問いを発見できる。 (3)グラフや表を見て問いを発見できる。 (4)各種のホームページを見て問いを発見できる。 (5)教科書や資料集などを自由に見て問いを発見できる。 (6)地域的，空間的な観点に着目した問いを発見できる。(どこ。どちら向き。) (7)資料と経験とを関連させた問いを発見できる。 (8)カード化した中から新たな問いを発見できる。 (9)多様な問いの中から重要な問いと周辺の問いとに分類することができる。 (10)調べたいことを班の中やクラスで発表し合うことができる。	(1)収集する目的を決めることができる。 (2)結論を予想できる。 (3)収集する方法を考えることができる。 ○調べたいことをカード化して整理できる。 (4)実際に情報を収集することができる。 ①実物的資料で ②文献的資料で ・教科書 ・副読本 ・資料集 ・地図帳 ③手紙を出して ④インターネットで ⑤現地調査で aいろいろな方法で ・手で触る，音を聞くなど bいろいろな観点で ・方角，向き，高低など c書きながら ・記号を使って書ける ・図解や流れ図で書ける d聞きながら ・聞きたいことを整理して質問できる	(1)体による表現 ①劇 (2)言語による表現 ①資料を見せながら発表する ②質問する ③グループの中で討論する ④クラスで討論する (3)文字による表現 ①図解や色分けなど，書き方を工夫して書ける。 (4)地図・年表・統計による表現 ①白地図に書き込んで表現する ②調べたことを表にまとめる (5)映像による表現 ①写真を撮ってコメントを書く (6)ものづくりによる表現 (7)コンピュータによる表現 ①調べたことをコンピュータに保存する ②コンピュータに絵や写真を保存する (8)構成活動による表現 ①ポスター ②カルタ・すごろく	(1)気がついたことやわかったことを言える (2)自分の経験に結びつけて言える (3)自分の意見を言える (4)比較できる ・違うところを指摘できる ・似ているところを指摘できる (5)因果関係を読める ・～なのは～だからだ ・空間的（～は～に多い） (6)各種の資料から情報を分析できる ①文書的資料 ・タイトルや見出しを読める ・記述的知識を抜き取ることができる ②地図 ・方位から位置を指摘できる ・主な地図記号がわかる ・地図記号の分布から気がついたことを言える ・地形図を読むことができる ・等高線を読むことができる ・土地利用図を読むことができる ・縮尺がわかる ・地図帳の索引から地名を検索できる ③統計グラフ・表 ・単位がわかる ・一番多い（少ない）ところを指摘できる ・突然増えた（減った）ところを指摘できる ・変化の傾向を読める ④絵・写真・映像 ・写っているものの分布を言える（多いなど） ・時間や場所を特定できる

5年生にこれだけは身につけさせたい学習技能

問いを発見する技能	情報を収集する技能	情報を整理し表現する技能	情報を分析する技能
(1)1枚の絵や写真から問いを発見できる。 (2)ビデオの映像などから問いを発見できる。 (3)グラフや表を見て問いを発見できる。 (4)各種のホームページを見て問いを発見できる。 (5)教科書や資料集などを自由に見て問いを発見できる。 (6)複数の資料を比較して問いを発見することができる。 (7)分布を比較した問いを発見できる。(〜が多い。少ない。) (8)因果関係に着目した問いを発見できる。(〜なのは，〜だからだろうか。) (9)資料と経験とを関連させた問いを発見できる。 (10)複数の観点に着目した問いを発見できる。(地域と時代。分布と時代など。) (11)多様な問いの中から重要な問いと周辺の問いとに分類することができる。 (12)調べたいことを班の中やクラスで発表し合うことができる。 (13)友達の意見を聞いて，自分の問いを変化させることができる。	(1)収集する目的を決めることができる。 (2)結論を予想できる。 (3)収集する方法を考えることができる。 ○調べたいことをカード化して整理できる。 (4)実際に情報を収集することができる。 ①実物的資料で ②文献的資料で ・事典，図鑑，統計年鑑 ・新聞，雑誌，パンフレットなど ・目次や索引を使って検索できる。 ③手紙を出して ④E-mailを出して ⑤インターネットで ⑥現地調査で aいろいろな方法で bいろいろな観点で ・傾向(多い，少ない) ・時間(いつ，季節) c書きながら ・テーマや予想に沿った内容を書ける ・自分の考えや疑問を書ける d聞きながら ・詳しく聞き直せる ・聞きながら工夫してメモできる	(1)体による表現 ①劇 (2)言語による表現 ①資料を見せながら発表する ②質問する ③クラスで討論する ④友達の意見に関連させて発言する ⑤根拠となる資料を提示しながら意見を言う (3)文字による表現 ①動機，目的，方法，経過，結果などの項目に分けてレポートを構成できる。 ②考えの根拠を資料を示して書ける。 (4)地図・年表・統計による表現 ①統計地図を作る ②歴史事象を地図に書き込む ③調べたことを表にまとめる ④調べたことをグラフにまとめる (5)映像による表現 ①写真を撮ってコメントを書く ②撮影したビデオを見せながら発表する (6)コンピュータによる表現 ①調べたことをコンピュータに保存する ②コンピュータに絵や写真を保存する ③保存したデータをもとに意見を書ける ④ホームページの形で表現する (7)構成活動による表現 ①壁新聞・個人新聞	(1)気がついたことやわかったことを言える (2)自分の経験に結びつけて言える (3)自分の意見を言える (4)比較できる ・違うところを指摘できる ・似ているところを指摘できる (5)因果関係を読める ・〜なのは〜だからだ ・空間的(〜は〜に多い) ・時間的(〜が増えると〜が増える，〜が変化すると〜が変化する) (6)各種の資料から情報を分析できる ①文書的資料 ・タイトルや見出しを読める ・記述的知識を抜き取ることができる ・わかったことを説明できる ②地図 ・地図上で距離の測定ができる ・地図を見て場所の特徴を指摘できる ・緯線と経線の性質がわかる ・多い，少ないなどの分布を指摘できる ③統計グラフ・表 ・変化の傾向を読める ・2つの統計を比較できる ④絵・写真・映像 ・時間や場所を特定できる ・体験や，他の資料と比較してわかったことを言える

６年生にこれだけは身につけさせたい学習技能

問いを発見する技能	情報を収集する技能	情報を整理し表現する技能	情報を分析する技能
⑴１枚の絵や写真から問いを発見できる。 ⑵ビデオの映像などから問いを発見できる。 ⑶年表を見て問いを発見できる。 ⑷各種のホームページを見て問いを発見できる。 ⑸教科書や資料集などを自由に見て問いを発見できる。 ⑹複数の資料を比較して問いを発見することができる。 ⑺時代的，時間的な観点に着目した問いを発見できる。(いつ。何時。何時代。) ⑻因果関係に着目した問いを発見できる。（～なのは，～だからだろうか。) ⑼資料と経験とを関連させた問いを発見できる。 ⑽複数の観点に着目した問いを発見できる。（地域と時代。分布と時代など。) ⑾多様な問いの中から重要な問いと周辺の問いとに分類することができる。 ⑿調べたいことを班の中やクラスで発表し合うことができる。 ⒀友達の意見を聞いて，自分の問いを変化させることができる。	⑴収集する目的を決めることができる。 ⑵結論を予想できる。 ⑶収集する方法を考えることができる。 〇調べたいことをカード化して整理できる。 〇調べる計画を表などにまとめることができる。 ⑷実際に情報を収集することができる。 ①実物的資料で ②文献的資料で ・事典，図鑑，統計年鑑 ・新聞，雑誌，パンフレットなど ・目次や索引を使って検索できる。 ③手紙を出して ④E-mailを出して ⑤インターネットで ⑥現地調査で ａいろいろな方法で ｂいろいろな観点で ・時間（いつ,季節） ・変化（～より多いなど） ｃ書きながら ・テーマや予想に沿った内容を書ける ・自分の考えや疑問を書ける ｄ聞きながら ・詳しく聞き直せる ・聞きながら工夫してメモできる	⑴言語による表現 ①クラスで討論する ②友達の意見に関連させて発言する ③根拠となる資料を提示しながら意見を言う ⑵文字による表現 ①動機，目的，方法，経過，結果などの項目に分けてレポートを構成できる。 ②考えの根拠を資料を示して書ける。 ⑶地図・年表・統計による表現 ①歴史事象を地図に書き込む ②調べたことを表にまとめる ③調べたことをグラフにまとめる ④時代を絞った年表を作る ⑤テーマを絞った年表を作る ⑷映像による表現 ①撮影したビデオを見せながら発表する ⑸コンピュータによる表現 ①調べたことをコンピュータに保存する ②コンピュータに絵や写真を保存する ③保存したデータをもとに意見を書ける ④ホームページの形で表現する ⑹構成活動による表現 ①壁新聞・個人新聞	⑴気がついたことやわかったことを言える ⑵自分の経験に結びつけて言える ⑶自分の意見を言える ⑷比較できる ・違うところを指摘できる ・似ているところを指摘できる ⑸因果関係を読める ・～なのは～だからだ ・空間的（～は～に多い） ・時間的（～が増えると～が増える，～が変化すると～が変化する） ⑹各種の資料から情報を分析できる ①文書的資料 ・タイトルや見出しを読める ・記述的知識を抜き取ることができる ・わかったことを説明できる ②年表 ・時間的な前後関係を読める ・変化の始めと終わりを指摘できる ・変化の順番を指摘できる ・ある時代の中心的なエピソードを指摘できる ・歴史事象の因果関係を類推できる ③統計グラフ・表 ・２つの統計を比較できる ④絵・写真・映像 ・時間や場所を特定できる ・体験や，他の資料と比較してわかったことを言える

〈付〉岩田一彦氏の授業分析

多様な問いを大切にするということ

ある問いの背景には、その問いを生み出すための基礎的な知識が存在している。授業のなかで多くの問いを出させた場合、それを解かないことに対して、教師はある種の罪悪感を持ってきた。こういった考え方をやめ、問いを持っていることこそが一定の知識を持っていることだと考える立場をとりたい。新しい問いを持ちうることは、新しい知識を持ったことである。個人の問いを分析していけば、その子の知識水準が明らかになる。多様な問いを出させることは、知識水準の再確認となり、また、その問いにかかわる知識を抽出・整理する場を提供する。このように考えると、問いを多様に出させること自体に意味があることがよくわかる。

多様な問いを洗い出した例として、兵庫県加東郡滝野東小学校の谷和樹氏の授業例をみてみよう。五年生の日本の農業「米作り」の単元展開の第一時において、教師は次のような指示を出している。

> 疑問点、調べてみたいことをカードに書きだしなさい。本、資料集を見ながらどんどん書きなさい。

この指示で、子どもたちは二五二の問いを出している。この問いを教師が分類していくと、大きく次の一〇項目にわたっていた。

1．米の起源　2．米の生産量　3．米の品種　4．米の敵（害）　5．米をとりまく問題　6．米の昔と今　7．米と野菜　8．設備・農薬・肥料　9．日本の米・アメリカの米　10．その他このなかの「6．米の昔と今」においては、次のような問いが出されている。

米の昔と今

ア　何年ごろから田植機やトラクターを使っているのか。
イ　田植機やコンバインなんかを使うようになって、どのくらい早く時間が終わっているだろう。
ウ　今でも牛を使ってやっている家はあるか。
エ　今と昔では、田植や田おこしや稲かりの道具はどう変わったか。
オ　農業をする人は、今と昔ではどちらが多いか。
カ　米のとれだかは今と昔ではどちらが多いか。
キ　人の手で苗を植えると、一日でどれくらい植えられるか。
ク　昔は手で植えていたから、何人くらい人手がいったか。
ケ　手で植えるころの米の生産量と田植機を使うときの生産量では、変わっていないのか。
コ　米作りはどんどん進歩しているそうだ。これからもどんどん進歩していって、もっと人手を少なくできるのだろうか。
サ　昔は田おこしに何日くらいかかったか。
シ　昔は稲かりに何日くらいかかったか。

このように整理し検討してみると、子どもたちの「米作り」に対する認識内容の幅と質がよくわかる。教師の予想以上に、子どもたちが多くの問いを生み出している。二五二の問いを、一斉授業で全部解いていくわけにはいかない。当然、一定の構造化を行い、一斉授業で解いていく中核的問いと、その周辺に位置する問いとを分けていかなければならない。

谷氏自身が「疑問を出させたあとの手だてを持っていなかった」と述べているように、この授業実践では、この多様な問いを十分に生かすことができなかった。しかし、初めに主張したように、問いを持つこと自体が学習であるという視点からは評価できる授業実践である。

岩田一彦著『小学校社会科の授業分析』

東京書籍刊より

Ⅲ

学び方技能を育てる単元の組み立て方

一　単元の組み立て方
―六年・歴史単元「武士の時代」―

1　たくさんの問題を作らせる

六年生で「武士の時代」について学習した時、授業を次のように始めた。

> 教科書の四四から五六ページと資料集などを見て、思ったこと、わかったこと、これから調べてみたいこと、疑問などをできるだけたくさんカードに書きなさい。
> 一つのことを一枚のカードに書きなさい。

全員のカードを集めると、約三七〇枚になった。

私は以前にも、「カードを使ってたくさんの問いを作る」という提案をしたことがある。（『社会科教育』誌、一九九一年六月号）

これはその時の方法とほぼ同じである。

カードは、一枚書くごとに教師のところに持ってこさせる。

たくさんの問いを作ることから単元を出発させる方法は、「ひとり学び」を育てる上でも有効であると考える。

シャープに問題を絞り込んだ導入よりも、子どもが自由に考える幅が広い。

では、たくさんの問いを作ったとして、その後の展開をどうすれば、子どもたちの「学習技能」が育つだろうか。

向山洋一氏は「大造じいさんとガン」を教材に「四〇一問の問題を解く」という実践を発表されている。（『国語教育』誌、一九八七年五月～八月号）

私は向山氏のこの実践から学んだ方法をよく取り入れている。

2　問題集を作った

子どもたちの書いたカードの中から「疑問形」のものを私がピックアップして、二〇八問の問題集にした。分類したり、まとめたりはしない。

問題には通し番号をつけ、それぞれ書いた子の名前を明記する。

それらすべての問題を印刷し、子どもたちに配布する。

3　問題を解いた

問題集を自由に解かせる。

その際、次のような指示を与えておく。

- 自分の答えられそうな疑問に、できるだけたくさん答えなさい。
- どの疑問なら自分で調べられそうですか。丸をつけなさい。
- 二〇問以上は解きなさい。
- どうしたらこの疑問を調べることができますか。

・同じ問題だったら、「前と同じ」と書けばよろしい。
・問題の意味がわからない時は本人にたずねなさい。
・証拠が見つかったら、
「この本の○ページ」とか、
「この百科事典の○ページ」とか、
「このマンガに載っていた」とか、
「○○という番組で見た」とか、
「○○さんという大人の人が言っていた」とか、
証拠となることを書きましょう。
・どうしても調べられそうにないけど、面白そうだなあと思う疑問は、予想で答えを考えておきなさい。
・最後に、これが気になる、面白そうだ、調べてみたい、もう少し詳しく知りたい、ということを、「今から追究したいこと」という題でノートに書きましょう。

これらの指示は問題集の巻末に印刷して提示した。
向山先生の「大造じいさんとガン」では、次のような指示を与えている。

・易しい問題から手をつけていきなさい。
・同じ問題は、前の問題と同じと書いておけばよろしい。

・相談してもよろしい。
・最低五〇問は解きなさい。
解答例を五分ほど発表させ、他の子への参考にした。

私の指示は向山先生のこの指示をマネして、もっと細かく、しつこくしたものである。

4　自由に相談した

ここでポイントなのは、「相談してもよい」という指示である。

私は「本人に聞きなさい」と言った。

すると、子どもは自由に席を立って相談しはじめる。

書いた本人にも答えがわからないものがほとんどである。

それぞれの問題について、書いた子と他の子とでひとりでに相談が始まった。

〈児童の感想〉


昨日は、ぎもんなどを（カードに）かいて、カードを発表して、先生とぎもんをかんがえました。

そして、今日七月一一日木曜日、一人で疑問を考えました。

私はたくさんの疑問をとけました。

ほとんど同じ問題。

昨日たくさん先生が教えたことがのっていた。

だからたくさんとけた。

問題をとくのはおもしろい。

でもとけない問題はわからない。

でも、すごくたのしく、ぎもんをたくさんとけた。

やっぱり、谷先生とする授業はたのしいです。


私は、自分で、みんなのだしたぎもんを調べてみて、じてんをいくら見ても分からないぎもんもあって、大変だった。

でも、友達と話し合ったり、じてんを図書室からたーくさんもってきて調べたのが楽しかった。

調べて、分かった時が、一番うれしかった。（自分で調べたのが分かった時です。）

もうおもしろかったと言うか、楽しかった。

とけた問題は約五二問だけ。

あと少しだけなのにわからない事がたくさんあってうれしい。

なぜかというとおもしろい問題がたくさんあるからだ。


このように子どもが意欲的になったのは、問題の追究を教師からまかされたからであると考える。

では、さらにこの後、どのように学習を進めればいいのだろうか。

5　「今から追究したいこと」を書かせ、一人学習をした

・最後に、これが気になる、面白そうだ、調べてみたい、もう少し詳しく知りたい、ということを、「今から追究したいこと」という題でノートに書きましょう。

この指示に従って、それぞれの子どもに自分の追究課題を絞らせた。

そして、次の指示をした。

・自分のテーマについて、ノートの見開き二ページにまとめなさい。
・テーマから発展して、違うことに調べが進んでもよろしい。

そのノートのまとめは、提出させて私が次のような観点で評定した。

・テーマに沿って調べているか。
・自分なりの考えを書いているか。
・まとめ方に自分の工夫があるか。

6　教師が選択した問題について一斉授業をした

子どもたちのノートの中から、「長篠の戦い」を考えている子どものノートを紹介し、「長篠の戦い」を全体の学習に取り上げることを知らせた。

違うテーマの子どもたちも「長篠の戦い」について考えるよう指示した。

そして、『長篠合戦図屏風』の読み取りを中心に一斉授業をした。（一斉授業の様子については割愛する。）

『長篠合戦図屏風』などの絞り込んだ資料から、同様に単元を進めることもできる。

このような流れを一度経験させると、次からはある程度自分で学習を進めることができるようになる。

一斉授業で教師が取り上げた問題を考えることにより、大切な問題についても学ぶことができる。

二　向山洋一氏の「基本的な学習過程」

向山洋一氏はかつて「社会科における基本的な授業の流れ」を述べた。（『社会科教育』誌、一九八五年十二月号）

それは「一単元全体の授業の構想を多くの方は持っておられないらしい」ことに対する向山氏の考えを述べたものであった。

向山氏の「基本的な流れ」は次である。

①　まずはじめに、ある限定された場面の写真・表・絵・実物などを示し、できる限り多くの考えを発表させる。

・三井高利の商店の絵

・武家館の絵
・「商店街」のスライド
・下学年になるにつれ現場、もしくは現場の再現になる。
「この授業場面だけでも、多くの法則がある。」と向山氏は述べ、次の例を挙げる。
・まずノートに書かせよ。
・五分間はまて。
・選択せずに次々に発表させよ。
・数十から時には百を越える意見が出るはずである。
・一般に絵・写真を見ての意見は多く、表からの意見は少ない。

②　出された子供の意見を分類する。

③　分類したいくつかの課題に対して、それを確かめる授業をする。

「当然ながら、子供の力では困難なことを取り上げ、子供自身で調べられることは残しておく」

④　それ以外の課題を子供に調査させる。

「普通はグループ」

⑤　調べたことを発表させ、討論させる。

⑥　「分かったこと」「分からなかったこと」を確認する。

「つまり、整理をする」

以上が向山氏の提示した「基本的な流れ」である。

「問題集」「写真の読み取り（雪小モデル）」などのすぐれた提案は、これを基本として展開されてきたと考えられる。

私の「武士の時代」は、それを我流で変化させたために、ごちゃごちゃしてスッキリしない流れになってしまっている。

Ⅳ 学び方技能を育てる授業の組み立て方

この記録は二〇〇三年一〇月一七日、兵庫県滝野町立滝野南小学校の公開研究発表会において、私が行った六年社会科「伊藤博文と日清戦争」に関するものである。

当日の授業をテープおこしして、それぞれの場面に解説を収録した。

「インターネット調べ学習」の提案と「討論の授業」の実践公開が軸になっている。

「主体的・対話的で深い学び」へとつながる授業づくりの参考になれば幸いである。

一　六年・歴史単元「伊藤博文と日清戦争」の授業づくり

☆谷和樹の自己解説付き

導入

> 昨日一番最後に書いてもらった所がありますね。賛成したと思いますか、反対したと思いますか。それでは、書き加えることがないか考えながら待っていて下さい。何もなければそのままでいいです。一行でも二行でもありそうな人は、書いててね。なかったらそのままでいいからね。ありそうだったら、書いててね。

（※スマートボードを設定する。）※電子黒板

コメント（谷　和樹）

▼この直前に、「翼を下さい」の歌を練習した。その後、授業まで若干の時間があったので、この指示をした。この指示で、スムーズに授業に入っていけた。

▼「この時点で、まだ授業は始まっていなかった（と思う）。その場で思いついた指示である。

1　伊藤博文は日清戦争に賛成・反対？

何でもいいから書いた人？　すごい。すばらしい。先生が出した問題のCの問題で、当時の総理大臣だった伊藤博文は、又は陸軍大臣でも伊藤博文だけで考えてね。当時の総理大臣だった伊藤博文は、日清戦争に賛成していたか、反対していたか。自分の予想を書いて、理由をノートに書いてもらいました。いつも言いますけれども、賛成か反対というのは、あっているか違っているのは、どちらでもいいのですよ。それは、賛成だと思った人は、それでいいし、反対だと思った人は、それでかまいません。問題じゃないからね。問題なのは、どういう理由を考えたか。そのことについて、自分はどのように考えたのかということですね。そのことを、まず最初に発表してもらいます。念のため、賛成と書いた人、手を挙げなさい。はい、手をおろして。反対と書いた人、手を挙げなさい。はい、手をおろしなさい。

指名なし発表

では、机を並びかえなさい。では、賛成か反対か言ってから理由を言っ

▼正解かどうかが問題なのではなく、どのように考えたかということを評価する。

▼机は全員が中央の一点を向く

て下さい。どうぞ。

C　ぼくは、反対だと思います。なぜかというと、総理大臣がそういうことをすると、みんな不安を受けるから、総理大臣が反対したと思います。

C　ぼくは、賛成だと思います。今までそう思って、陸軍大臣ではないけれど……陸軍大臣は戦争をするために、首相が賛成したので、戦争が起こったと思います。

~さんは、賛成か反対かどっち。もう一回言ってみて。

C　私は賛成だと思います。首相が賛成したので、戦争が起こったのだと思います。

C　ぼくは、賛成だと思います。中国のやり方にあきれた陸軍大臣と総理大臣は賛成したと思います。

C　私は賛成だと思います。理由は、日本が攻められる確率を少しでも減らすためだと思います。

C　私は賛成だと思います。清が朝鮮に植民地を取られたら日本も清に植民地を取られるから賛成だと思いました。

形。この形式は四月から行っていて、子どもたちは慣れている。

▼氏名なし発表も四月からずっと行っている。いつから始めるのかというと、四月の始業式の日から始めるのである。「名前とがんばること」などを指名なしで言わせるのだ。

▼準備万端整ってから……などと考えていたら、いつまでたっても討論の授業などできない。準備が不十分だと思えても、思い

C　私は賛成だと思います。首相は賛成したと思います。その理由は、……。
C　ぼくは、あすかさんに少し付け加えて……。
C　私は賛成したと思います。
C　私は賛成だと思います。
C　私もさやかちゃんといっしょで……。
C　ぼくはこうすけ君の意見に反対です。戦争を勝手に決めてはいけないと思います。
C　私は賛成だと思います。その理由は、朝鮮半島が日本にとって……。
C　ぼくは、ゆうちゃんの意見に賛成です。朝鮮を取られると困るし逆に中国を奪ったら貿易拠点が中国になるから、中国を貿易拠点にしたらいいから賛成です。
C　私は賛成だと思います。
C　私は反対だと思います。
C　ぼくは、かなえちゃんの意見に反対です。
C　国民のことを考えて戦争をやったからだと思います。
C　ぼくも○○ちゃんの意見と同じで、かなえちゃんの意見はおかしいと思います。
C　ぼくは、だいき君とゆうき君の意見に賛成です。もし、そのうち負けたら

ついたその日から挑戦するのである。

▼子どもたちの発表の間、私は座席表形式の紙にメモをしている。

▼本当は、メモをしないで子どもたちの発言をすべて覚えることが理想である。

▼何度か挑戦したが、どうしても細部が思い出せないのである。討論の後、子どもたちの前に立つ。子どもたちの発言を具体的に引用しながらほめようと思うのだが、さっきまで覚えていたつもりの言葉が出てこないの

どうなるのですか。

C　私は賛成です。ゆうちゃんの意見に賛成です。朝鮮が中国に取られたら、日本が危ないからです。

C　私もゆきちゃんと同じで賛成だと思います。日本が攻められる確率が高くなるからです。

C　ぼくは、……（聞こえない）。

C　ぼくは、こうた君の意見に反対です。戦争をしたら国民たちが困ることがわかっていたからだと思います。

C　ぼくは、こうた君の意見に反対です。国のことを考えて戦争をしたと思います。

C　私は、かなえちゃんやこうた君に賛成です。国民のことを考えて戦争に反対したと思います。

C　私の意見は、反対です。こうた君やかなえさんと同じで、国のために反対したと思います。

C　私は賛成だと思います（聞こえない）。

C　ぼくは、まなえちゃんの意見に反対です。もし、総理大臣が悪いことをしてしまったら、みんな言うことを聞くんですか。

C　ぼくは、こうた君の意見がおかしいと思います。総理大臣がいい人だった

だ。若い時の「再現する修行」をサボってきたツケである。

▼そこでやむを得ずメモをする。このメモを頼りに、誰がどのような発言をしたかを後で具体的に言ってやり、ほめるのである。個別にほめなければ、子どもたちは次からは一生懸命発言しなくなる。

らどうするのですか。総理が反対ならやらないと思います。

C　ぼくは賛成だと思います。そのわけは、朝鮮を独立させることができるからです。

C　ぼくは賛成です。総理大臣がいい人だったら、国民のことを考えて戦争するからです。もしうそだったら、国民のことを考えて戦争をする……。

C　ぼくは反対です。

C　私の意見は、ゆりこさんといっしょで反対です。国民のことを考えて反対したと思います。

C　私はしいなちゃんの意見に反対です。だいき君の意見に賛成です。国民が……総理大臣がわかっているからです。

C　私は賛成したと思います。朝鮮を通って清が日本に攻めてきたら大変だからです。

C　ぼくは、せりなちゃんの意見に反対です。国民のためならよけい攻められる方は危ないです。

C　ぼくは、こうすけ君の意見に反対です。国民を守るために戦争をおかすんだから戦争をせずに国民を守ることはありえないからです。

2　子どもの意見発表への解説

じゃあ前を見なさい。今言っていることは、とても難しいことです。小学生が考えたら大変難しいことです。発表した人、手を挙げて。立派ですね。すごいですね。発表した人は素晴らしい。それから、誰かの意見をつなげて言っている人がいたね。いつもよく言いますが、友達の意見をつなげて、とても素晴らしいですね。反対ですとか、～さんに付け加えてとか、そう言った人、手を挙げて、その人は、ＡＡだな。ただね、とっても素晴らしいと思ったんですが、みんなの意見は、まだ思いつきなんですね。資料から調べた人は何人かいたんですが、気がついた人いましたか。当時の総理大臣がいい人だったか、悪い人だったというのは、想像だから思いつきなんですね。とっても面白い話だったけれども、それだけでは話にならない。それに比べてたとえば、朝鮮という国をつくれるからと言った人がいましたね。これは、調べたんですね。調べないとこの意見は出てこないわけです。それから、中国から朝鮮を独立させると言った人がいたね。これも調べたんだね。それから、賛成派の意見で防衛の生命線と言った人がいたね。これも何かにそれが載っていたんでしょうか。調べたからそういう言葉が出てきたと思います。さて、今友達の意見を聞いて、何でもいい

▼このような個別評定を必ず入れる。Ａ、ＡＡなどのように、明確に基準を示していることが大切である。ＡＢＣのような評定を「かわいそう」と思う人がいるらしいが、逆である。評定をしない方がかわいそうなのだ。子どもは何がよくて何が悪いのかわからない。

▼ここでは、思いつきレベルの発言と、調べたことを根拠にした発言を取り上げている。調べたことをもとに発言していたのは、おとなしい女の子である。

から現時点で思っていることの感想を短く一、二行で書きなさい。感想だから、調べたことでもいいよ。思ったことでもいいよ。

3　インターネットによる調べ学習

さて、思いつきの人とまだ思いつきのレベルの人が多いと言いました。ではこの問題についてもう少し調べてみるとしたら、ということについて考えてみますけれども、インターネットで調べてみることにしますね。もしもですよ、では今調べていることよりもっと詳しく証拠をつかみたい。インターネットで調べる時に、どんなキーワードを入力しますか。思いつくキーワードを①②③と書いてみて下さい。

当然、二つのキーワードや三つのキーワードを組み合わせてもかまわないですよ。じゃあ三つ書けた人、持ってきなさい。

このような発言を見逃さないでほめなければならない。

▼インターネットで調べる時のキーワードの選定については、何度か授業している。「子ども」「キッズ」などの意見が出てくるのはそのためである。

▼インターネットの調べ学習での中心は「キーワード検索」である。キーワードをどのように授業するかということが、これか

（子どもたちは次々に見せにいく）

前に友達が書いたキーワードで、自分が考えてもなかったもので、なるほどと思うものがあったら自分のノートにつけたしてみてね。

～君から発表します。

（キーワードを書いた子から次々と発表する）

今出たキーワードの中で、これまで自分がインターネットで調べた経験から言って、そのキーワードでは無理やで、そのキーワードではその情報が出てこないとうものはありますか。発表して下さい。

はい、こうすけ君。

らの研究のメインになるだろう。

▼ごくごく粗く言って、次の二つの場面がある。

①調べたいことがヒットするためのキーワードを考える。

②あるキーワードを見て、どのようなページがヒットするかを考える。

①と②は子どもの試行が逆である。

キーワード検索を扱う時に、このような切り取り方をした指導はこれまでにない。

今回の私の授業でも扱っていない。

今後、研究し、提案していく予

C　国民

国民では無理ですね。なんで。はい、他に。

C　賛成反対

朝田君、これチェックされてますけど、いかかですか。

C　認めます。

他に、これは無理だというのはないですか。じゃあ逆に、なるほど、それじゃ出るかもしれないというものを一つ選んで下さい。

手を挙げて、はい、これ。

（次々と読む）

定である。

▼朝田君は児童会長。しばしばクラスの討論のキーマンになる。

▼この授業では、教師がキーワードを入力して、結果を示した。可能ならばパソコン教室で実際にやらせてみるのがよい。

▼このようなことは、各教室にインターネットがきているからできるのである。本校は学校まで光ファイバーがきている。各教

本当はパソコン教室で試してみなさいと言うのですが、今日は無理ですから、先生が代表でやりますね。

一番多かったやつから。
日清戦争　陸軍大臣　賛成　反対　開戦
やっぱり出なかったな。

~君どう修正するんですか。
日清戦争　陸軍大臣

八三件。それらしいページはありますか。

C　ないです。

室へは100MbpsでＬＡＮがつながっていて快適にＷｅｂを閲覧できる。こうした環境が授業の前提である。

▼「それらしいページはありますか」は何気ない発問だが、必要なページを選ばせるのに大切な発問である。検索結果のタイト

これ、戦争の原因、これらしいですか。一番上に沖縄戦争入っているよ。

C　関係ないよ。

（子どもたちのつぶやきが出る）

難しいね。次。

C　ありません。

伊藤博文　日清戦争　反対　と入れればいいと言った人がいたので念のため。それらしいというのがありますか。

C　わかりません。

4　調べ学習で本質に迫るとは

実はね。先生もいろいろ調べてみたんですがね。日清戦争についての資

ルをいちいち全部開けていたらいくら時間があっても足りない。検索結果の一覧を見て、自分に必要な情報はどれかをおおまかに判断できなければならない。

▼子どもたちが判断するのにわかりやすいのはサマリーである。たくさんのサマリーを見ていると、子どもたちはほぼ直感的にわかるようになる。

▼日清戦争については、私がイン

料は、大変少ないです。実はね、本屋さんで売っている本、今度みんなも探してみたらいいと思うんですが、日清戦争という題名の本は大変少ないんです。日露戦争は、かなりあるんですね。インターネット上で調べても、日清戦争というキーワードでやった場合と日露戦争という場合では全然数が違います。倍ぐらい違いますね。非常に難しい調べ学習なんですけれども、前の時間、みんな一生懸命調べてくれましたね。これはね、インターネットで調べるにはかなり無理がある。つまり、インターネットで調べても、思うようなページがヒットしてこない場合があります。

資料をもとに再度意見を考える場面

時間がないから省略。そこでね、先生が探した中から資料を持ってきました。ちょっと……。

（資料を配る）

インターネットから調べたものもありますが、本からのものもあります。一番上読んでみます。首相の伊藤博文も陸軍大臣大山巌も……その勃発を防

▼インターネットで調べても満足のいく資料はなかなか見つからなかった。ましてや子どもたちには難しい。

▼「難しい」ということを授業することも重要だと考えた。

▼この資料も難しい。解説が必要だった。

ごうとしてきた日清戦争。この本によれば、伊藤博文は賛成なんですか。反対なんですか。反対していたと思える資料ですね。

では、資料2。伊藤博文は長州閥の長老であるが、一八八二年にドイツ帝国……伊藤は首相として日清戦争を推進し、元老として日清戦争をバックアップした。賛成と思いますか。反対と思いますか。この資料をみると、賛成と思えるね。

資料2。当時清国は東亜（東アジア）最大の軍事大国であった。四億の民と四四〇余州の大清帝国は、日本にとって大陸を開く夢の対象ばかりでなく、逆に大きな脅威でもあった。福沢諭吉のへいろんきょうと読むのでしょうか。清国の兵力は一〇万だったのに対し日本はたったの七万八千人。人口の一〇倍以上、領土は数十倍の伝統大国であった。国際世論も清国必勝論が圧倒的であった。

資料3。朝鮮が独立すれば日本に及ぼす影響が大きい。朝鮮が独立しなければ日本への影響が大きい。今日朝鮮が独立すれば、日本の外敵、外敵の敵という字、先生打ち間違えています。敵味方の敵です。後でなおしておいてね。日本の外敵を朝鮮が防御するから、朝鮮は日本を外国で守ってくれる地位にあるものということができる。だから、朝鮮の独立は、日本の自衛のために何とかして守っていかなければならない。

▼資料1と2について解説したのは、全員の子が何かを書けるようにするための配慮である。この資料でとりあえず反対でも賛成でも書くことができる。

資料4。当時アジアの列強が次々と植民地化してきた。さらにロシアが通らない港を求めて南下していた。その不安の中、朝鮮は清国の属国で自国を防衛する力を持っていなかった。このままでは列強の勢力が及ぶのが必至だという危機感があった。

さて、資料1・2・3・4・5と番号を打ち直して下さい。さて、ここからです。今はね、資料1・2・3・4・5は大人向けの資料です。とても難しい資料ですが、この資料と教科書や資料集ももちろん使っていいですから、この資料をもとに、再度、伊藤博文は賛成していたのか反対していたのかについて、自分の意見を書き、理由も書き込んでもらいます。これが最後ね。時間は5分。はい、スタート。

書けた人、持ってきなさい。さっき言ったように、どういう意見でもそれはかまいません。

（一人見せにきて、その後次々にノートを持って見せにきたのをチェックした）

残り1分です。はい時間です。いったん鉛筆を置いて。ちょっと時間が短くてごめんね。資料1または資料2を使った人、手を挙げなさい。資料1・資料2を使った人は、当然そのまま賛成反対ということですね。資料二つ、使った人か、または資料1・資料2以外の意見を書いた人、立って下さい。資料3・4・5の人、そこから意見を……はい、立って下さい。どんな意見を書いているか言ってもらいます。これだけですか。はい、どうぞ。

C　朝鮮が独立したら困る……。

だからどうしたんですか。賛成ですね。

C　……。

C　……。

だからどうしたんですか。

▼授業の最後は、整理しきれていなかったと思う。まだまだ構成が甘い。反省。

C　……。

反対したと思う。

C　朝鮮を守るために戦争をした。

C　資料4の朝鮮が独立すれば、日本の外敵を朝鮮が防御するからと書いてあるから賛成だと思います。

はい、よろしい。資料1と2は反対のことが書いてあるようなので、そのどちらかを選んだら反対ということですね。でも、それ以外の資料から書いた人は、……ですね。時間がきてしまいましたので、このことについてもう少しやりたかったのですが、いったん中断します。その資料をのりでノートに貼っておいて下さい。

▼谷　和樹のコメント：いろいろと反省は残るが、これが現時点での精一杯の力だった。

自分のイメージで言うと、討論が四〇点くらい、インターネットの調べ学習の提案が二〇点くらい。それでも自分のこれまでの授業からすれば最高点なのだ。まだまだ修行を続けなければならない。

二　五年・領土単元「尖閣諸島」の授業づくり

1　尖閣諸島の基本情報

「尖閣諸島」。読んでみて。聞いたことがある人？　聞いたことがない人？（挙手）
尖閣諸島の場所はどこでしょうか（画面を見せる）。
Aに近いと思う人？　Bに近いと思う人？　Cに近いと思う人？

Aは「北方領土」問題。Bは「竹島」問題。そしてCが「尖閣諸島」問題です。

Cのところを拡大します。（グーグルアースで次々と表示）尖閣諸島は見えるでしょうか。

こちらが台湾。中国。全体を中国と考えてもいいですね。こちらが日本です。

尖閣諸島に近づきます。今見えたのが尖閣諸島です。小さな島です。


これが尖閣諸島の中で、一番大きい島です。名前を「魚釣島（うおつりじま）」といいます。

「魚釣島」と、漢字でノートに書きなさい。

日本ではこの島のことを「魚釣島《うおつりじま》」といいます。中国では、別の言い方でよんでいます。中国では、「魚釣島」と全く同じ漢字を使いますが、少し違うよび方でよんでいます。中国では、どんなよび方で「魚釣島」をよんでいるでしょうか。予想して、「魚釣島」って書いた下に書きなさい。書いた人は先生に見せにきます。

見せますよ？　逆さまになっているだけ。「釣魚島（ちょうぎょとう）」。下に書きなさい。

グーグルマップっていう世界地図があります。インターネットで「魚釣島」のところを拡大していきます。「魚釣島」と書いてあると思う人？　「釣魚島」と書いてあると思う人？　それ以外？（挙手）答えを見せます（グーグルマップを見せる）。両方書いてあるのですね。

2　尖閣諸島をめぐる問題

両方書いてあるということは、これは日本の島ですか？　それとも中国の島ですか？

日本の島だと思う人？　中国の島だと思う人？　両方の島だと思う人？

実は、この「尖閣諸島」が、日本の島なのか、中国の島なのか、日本と中国は意見が違います。

ちょっとケンカしているのです。

日本は、何と言っているでしょうか。赤い文字を読んでごらん。（「日本固有の領土」）

これは昔から日本の領土だと、日本は言っています。

中国は、何て言っているでしょうか。赤い文字を読んでごらん。（「古来中国領土である。」）

これは昔から中国の領土だと、中国も言ってます。

どっちの意見が正しいと思いますか？　（それぞれ挙手で確認）
ケンカなので日本と中国が五分五分、いい勝負だと思う人？
中国のほうが、ちょっと有利だと思う人？　日本のほうが、ちょっと有利だと思う人？
中国のほうが、圧倒的に有利だと思う人？　日本のほうが、圧倒的に有利だと思う人？
今の自分の意見をノートに書きなさい。

3　「先占」という視点で判断する

この勝負を決めるためには、ある約束があります。

一つは、「どっちが先に見つけたか」。先に見つけて、先に占領したほうが有利です。

日本と中国、どっちが先にこの島を見つけていたか。これを「先占」と言います。言ってごらん。

中国は証拠があると言っています。中国が出している証拠を見せます。

中国の古い時代の地図です。この地図の中に、尖閣諸島が出ているから、だから中国のものだと言っています。この中に尖閣諸島ありますか？　見つけられますか？　ここって指さしてみて。

よく見つけましたね。ここですね（地図に○をつける）。

「尖閣諸島がかいてある中国の地図」。読んでみて。

> この地図の中に、尖閣諸島の「釣魚島」が出ていました。だから中国のものだと言っています。日本が証拠を見せつけるためには、どんな地図があればいいでしょうか。
> （　　　）地図　と、ノートに書きなさい。書けたらノートを持っていらっしゃい。※板書

ほとんど同じ意見だと思いますが、近くの人と相談してごらんなさい。

尖閣諸島がかいてある「外国の地図」があれば、それはその国のものということになります。

尖閣諸島がかいてある「日本の地図」は、あると思いますか？

ありました。この中に尖閣諸島ありますか？　見つけられますか？　ここって指さしてみて。

どこの国の地図ですか？　（琉球国）今でいう沖縄です。当時は、琉球国という国でした。

この国の地図にも尖閣諸島がのっています。中国の証拠と、どっちが正しいかは言えません。

この地図は、どこの国の人がつくったと思いますか？　隣同士で言い合ってごらんなさい。

これは、中国の人がつくった地図です。読んでごらん。
「①中国の人がつくった」「②尖閣諸島がのっている沖縄の地図」

日本は誰も住んでいないことを確かめ、住所もなかったことを確かめ、日本の領土とし、それを宣言しました。
何年何月のことですか？（一八九五年一月一四日）とても大事です。暗記しなさい。

これを「先占」と言います。
「①持ち主がいない土地をもらうこと」
「②発見しただけではだめ　正式に発表しなければいけない」

一八九五年一月一四日に正式に発表しましたが、中国からもどこの国からも文句は出ませんでした。尖閣諸島は、中国のものですか？　それとも日本のものですか？（挙手で確認）

中国は納得しているでしょうか。

納得していないからケンカになっているのですね。もう少し詰めてみましょう。

4　「実効支配」という視点で判断する

他にも、こういうことがあると日本の領土だと言うことができます。読んでみて。（「実効支配」）

「実効支配」とはどういうことですか（画面で表示）。お隣同士で言い合ってごらんなさい。

「実効支配」とは、ちゃんとそこに人が住んでいたということです。では、みんなに質問します。
①番。尖閣諸島に日本人は住んでいたか。
②番。家はあったか、なかったか。
③番。仕事をしていたか、していなかったか。
④番。仕事をしている職場（建物）は、何軒ぐらいあったか。
⑤番。尖閣諸島に住所はあったか、なかったか。
⑥番。税金を払っていたか、払っていなかったか。（①～⑥挙手で確認）

答え合わせをします。
①番。人は住んでいたか、住んでいなかったか（画像を見せる）。結構たくさん住んでいましたね。一番えらそうな人は、どの人ですか？（真ん中の人）　手に何を持っていますか？（鉄砲）　真ん中の鉄砲を持っている人、「古賀辰四

郎」さんといいます。言ってごらん。この島で一番えらかった人、この島を開拓した人です。
②番。家はあったか、なかったか（画像を見せる）。結構たくさんありますね。
③番。仕事をしていたか、していなかったか（画像を見せる）。していますね。
これは船つき場です（別の画像を見せる）。これは何の仕事をしている？
「鰹節工場」ですね。ちゃんと島で仕事をしていました。
④番。仕事をしている職場（建物）は、何軒ぐらいあったか（画像を見せる）。
だいたい三〇ちょっとありました。（別の画像を見せる）工場の前で記念写真を撮る人たち。
⑤番。尖閣諸島に住所はあったか、なかったか（画像を見せる）。ありました。読んでごらん。
⑥番。税金を払っていたか、払っていなかったか（画面を見せる）。これは、古賀さんの長男にインタビューしました。いくら払っていますか？　どうしてドルなんですか？　当時、沖縄は戦争で、一時的にアメリカのものになっていたからですね。今は日本にもどってきています。

「実効支配」という意味からみて、これは日本のものですか、中国のものですか。（挙手で確認）

これで中国は納得してくれたでしょうか。
納得してないから、今でもお互いにケンカしているのですね。

5 「国際条約」という視点で判断する

「先占」そして「実効支配」、もう一個、大事なことがあります。

国と国との約束。何ていうか知っていますか？ 「条約」といいます。


日本は、日清戦争で中国に勝ちました。そして「下関条約」という条約を結びました。

条約の中で、中国や台湾の一部をもらう約束をしました。この中に尖閣諸島は、入るでしょうか、入らないでしょうか。画面の中にヒントがあります。近くの人と相談してごらんなさい。


入っていません。尖閣諸島は、いつ日本のものになっていたのですか？

一八九五年一月一四日に宣言して、誰も文句を言いませんでした。

すでに日本のものだったのだから、もらう必要はありません。だから尖閣諸島は含まれません。


ところが、日本はこの後、戦争に負けてしまいます。

負けたときの条約があります。サンフランシスコ平和条約（条文を読む）。

この中に尖閣諸島は、入るでしょうか、入らないでしょうか。


もともと宣言しているので、これも関係がありません。尖閣諸島は含まれないのです。

したがって、日本と中国の国際条約からいって、これは日本のものですか、中国のものですか。


中国はこれで納得したでしょうか、納得していないでしょうか。

納得していないからケンカになっているのですね。

6　中国側の主張の矛盾点を分析する

では、中国はどう言っているのでしょうか。

さっき古賀善次さんを紹介しました。古賀さんは良い人で、船にのった中国の人たちが尖閣諸島の近くで難破したとき、それを助けてあげました。助けてあげたら中国政府から御礼状がきました。

そのお礼状に何と書いてありましたか。赤い文字を読んでごらんなさい。

中国政府は、尖閣列島をどの国のものだと思っていたのですか。（日本）

中国も尖閣諸島は、日本のものだと思っていたのですよね。


ここまで証拠があるのだから、尖閣諸島は日本のものですか、それとも中国のものですか。

感謝状も本物です（画面を見せる）。

ちなみに、中国の人たちは、子どもたちにどう教えていたのでしょうか。


中国の地図です。子どもたちが使っていた地図です。中華民国五九年。言ってごらん。

尖閣諸島のところに、「尖閣群島」とちゃんと書いてあります。

国境線も、このようになっています。こちら側は日本のものだよって、子どもにも教えていました。


中華民国五九年は、一九〇〇何年のことですか？（※コンテンツに表示。一九七〇年）

一九七〇年です。一九七〇年は大事な年です。

この年、尖閣諸島の海の底で、とっても大事なものが見つかります。何だったでしょう（指名）。

尖閣諸島で、すごいたくさんの「石油」や「天然ガス」が見つかったのです。
尖閣諸島はどちらの国の領土ですか？（指名発表）中国はどう思っていますか？（指名発表）
一九七一年、一年後です。子どもたちに教えていた地図は、どうなったと思いますか？（画面を見せる）
「釣魚島列島」と変わっています。国境線は、どうなっていますか？　折れ曲がりました。

尖閣諸島は、日本のものでしょうか、それとも中国のものでしょうか。（挙手で確認）

中国はこれで納得したでしょうか、納得していないでしょうか。

納得していないからケンカになっているのですね。

7　鄧小平（中国の元副首相）氏の言葉「次の世代に託す」

二月七日は、「北方領土の日」。二月二二日、「竹島の日」。「尖閣諸島の日」は、あるでしょうか、ないでしょうか（画面を見せる）。一月一四日は、「尖閣諸島の日」なのです。

今、日本と中国は、意見が合わずケンカしています。みなさんは、どうしますか？

日本と中国で仲良くしていきますか？　ケンカしていきますか？　尖閣諸島の問題はどうしますか？


いろんなアイディアが出そうですね。そのことを、中国の昔のえらい人が言っています。

この人は、中国の副首相、鄧小平。「中国と日本で意見の違いがあります。私たち今の世代は知恵が不足で、この問題について一致した合意に達することはできませんが、次の世代は必ず私たちより頭がよいからきっと両方が受け入れられるよい方法を見つけ出すことでしょう。」と、中国の副首相が言っています。次の世代とは、誰のことですか？　みなさんのことですね。あなたたち、次の世代が、そういういい方法を見つけて、この問題を中国の人たちと話し合って、仲良くしていってほしいなということです。

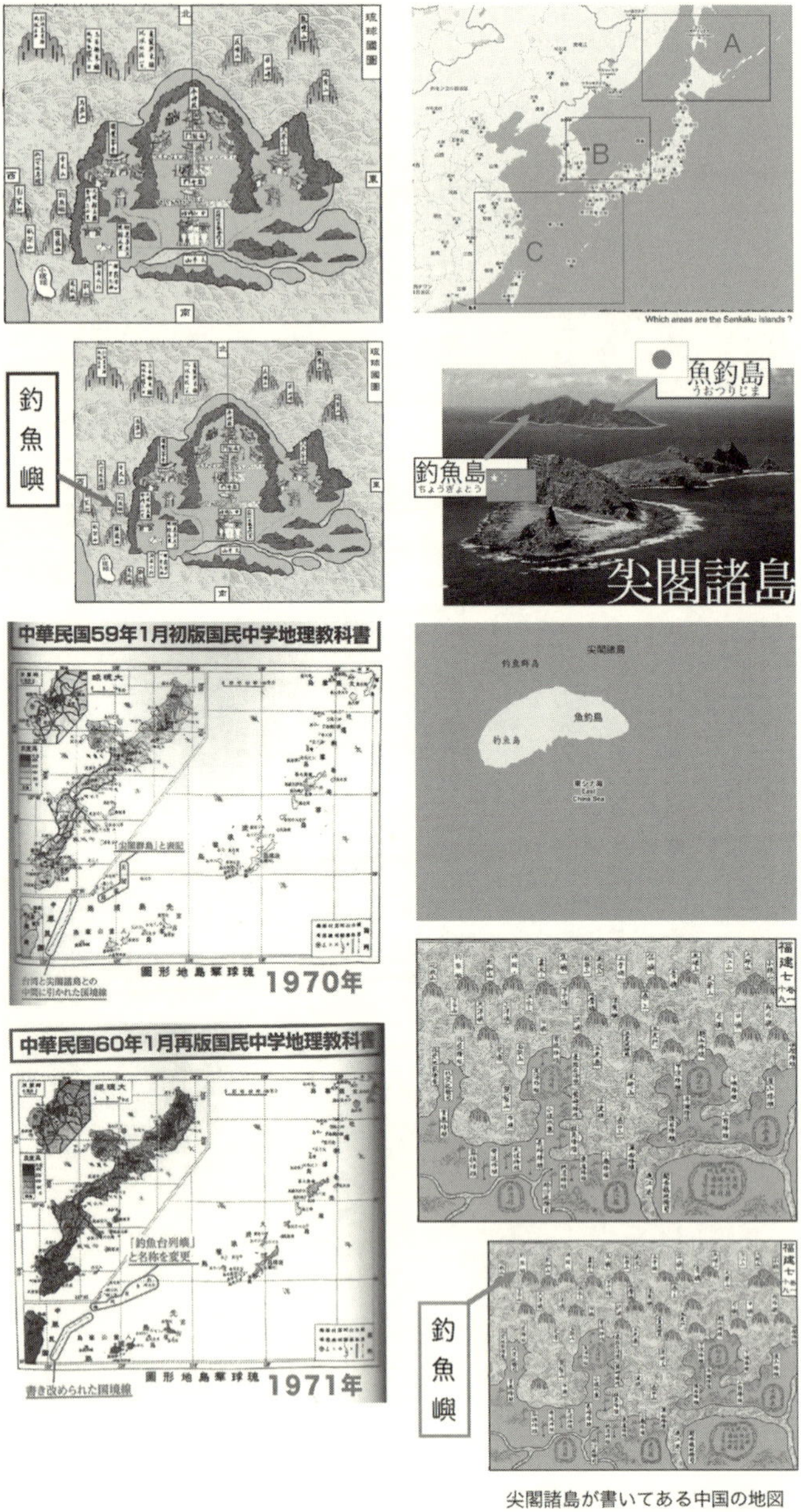

尖閣諸島が書いてある中国の地図
（中国の人が書いた地図）

三　五年・農業単元「トレーサビリティ」の授業づくり

1　導入—全体を巻き込む

谷：こんにちは。
子：こんにちは。
谷：算数の時間よく勉強していましたね。えらいね。
（何人かの子どもが、プロジェクターの光で遊ぶ友達に注意している）
谷：ねー。今日は先生は兵庫県のずーっと山奥の方から来ました。遠いとこです。
子：かっこいい。
（何人かの子どもが、プロジェクターの光で遊ぶ友達に注意している）
谷：先生の名前知っていますか。
子：〇×△！
谷：知らない？
子：知らない。
谷：そうですか、谷、谷先生と言います。たーに。
子：谷、谷。
子：野球選手の谷や。

谷：うん、そう、野球選手の谷。谷先生、言ってみて。
子：谷先生。
谷：谷先生ねー。みんな今社会科では、お店の勉強しているんですか。
子：はーい。
谷：そうですか。
子：よくわかるね。
谷：よくわかるね。どの辺りの勉強しているの？　六〇ページ。
子：一〇〇ページ。
谷：ちょっと開けてみて。どこかな。
　開けられた人。
子：はい。
谷：指で押さえて。
子：一緒。
谷：となりに座っている子も、指で押さえていますか。一緒だった？　はい。
　たくさんの人が働いているのかな、と言っています。
　教科書を閉じて。速い。すごい。
　先生もね、野菜を写真に撮ってきた。写真に。写真に撮ってきた。ほら（画面に野菜が写る）。
子：あ。

子：キュウリや。
谷：写真に撮ってきた。
子：オクラや。
子：いちごや。
子：キャベツ。

2　子どもの内部情報を引き出す

谷：新鮮な野菜が、みんなの食べるところに、食卓まで、新鮮な野菜がくるといいんだけど、新鮮な野菜がこれね、時々新鮮じゃ、時々安全じゃないときがあるんだって。知ってる？
子：知らない。
子：知ってる。
谷：野菜。どういうことで安全じゃないのか。
子：あの、過ぎない、あの、過ぎたらあんまり、食べない方がいい。
谷：あんまり食べない方がいいんだよね。その日過ぎたらね。それ、賞味期限て言うんだよね。他にも危ないときがあるんだって。ほか。
子：はい。はい。
子：えーと、なんか、虫に食われたりとか。
谷：そうそう、虫に食われたとか、はい。

子：中に虫が入っている。
谷：中に虫が入っている。中に虫が入ってると危ないの？　危ないの。新鮮なときもある。あ、そう。はい。

3　プロジェクターの光が顔に当たった子への対応と全体への対応

子：あの、えーっと（指された子どもの顔にプロジェクターの光が当たる）。
他の子：ははは（それを見て座っている子どもが笑う）。
谷：あの、えーっと（その子の隣に行って同じように谷先生の顔にも光が当たる）。
他の子：ははは。
他の子：先生の顔が赤い（笑い声で立った子の意見が聞こえない）。
谷：（間髪を入れずに）聞こえた人？　聞こえないんだって、もう一度。
子：おいしいのがダメになってしまう。
谷：おいしいのがね。
子：それで、病気になる。
谷：病気になっちゃう。病気になっちゃうときがあるって。すごいね。みんなね、この野菜が、野菜が……。

4　本題に入る

子：おー（画面が変わって、驚いた声）。
谷：無理だな。降参だな。降参て言いなさい。教えるから。

子：いやです。
谷：いやですか。これ難しすぎるよ。これね、六年生の勉強だから。
子：え、えー？
谷：ちょっと無理だったな。
子：大丈夫、大丈夫。
谷：大丈夫？　どんな人がお仕事をしますか。どういう人がいますか。なんでもいいから書けた人持ってきて、先生のところにノート持ってきて。何でもいいから書けた人。
子：一つでもええん？

5　ノートチェック、一回目

谷：机、机ずーっとこっちからまわってきて。まわってきて。すごい二つも書いてる。
こっち。こっちから戻る。こっちから戻る。こっちから戻る。みんなすごいじゃん。書けてるじゃん。まだ書けてない人はね、前のを参考にして何か書くんだよ。何も書かない人はダメですよ。何か書くんだよ。うん、ノートないの？　何かノート、違うノートありますか（担任に尋ねる）？　何かに書いてほしいな。これに書く？　よし。ダメですよ。何か書くんですよ。なるほど。はい、前に書いてるのを参考にして増やします。はい、新しいの書けた人また持ってきなさい。新しいの書けた人また持ってきて。初めて持ってきた。初めて持ってきた、えらい。ここに、じゃ（黒板に書くよう指す）。（二人目）すごいな。ありがとう（落とした鉛筆を拾ってくれた）。もっともっとこっち（たくさんノート持ってくる）。なるほど（黒板に書かせる）。
あ、これいい、これねその辺に割り込んで書くんだよ。
そう、これおもしろいね。こんなの書いている人、他にいない。
さあ、何か一個は書きましたか。何にも書かないとダメなんだよ。
子：今考えてるところ。
子：やっとできた。
谷：書いた人から立って読んで下さい。
子：……（数名が立つ）。
谷：そう、そういうふうに立って読めばいい。立って。はい。
子：「　」
谷：はい。
子：「　」
谷：はい。大きい声で。
子：「　」
子：料理をする人
谷：はい。
子：トラックで運ぶ人。
子：値段を貼る人。

谷：よし。はい。忘れちゃったかな。忘れちゃったかな。見えないんだ。市場の人って書いたんだよね。本当はここに名前を書いておくといいんだけどね。今日は省略します。きれいに、だれ、これ。
谷：きれいにできているかチェックする人。
子：はい。

6　見当違いの意見を書いた子への対応

子：好き嫌いをしない。
子：はい。
子：ははは。
谷：好き嫌いをしない、すごくいいけどね。とってもいい意見。
子：……。
子：みんなが、つか、れる、までね、ね……。
他の子：ね、て何？　や、じゃないの。
子：え？
周りの子：疲れるまでね、働いている……。
周りの子：え、や、じゃないの。
周りの子：みんなが疲れるまで働いている。
他の子：え？

谷：はいどうぞ。みんなが。
子：みんなが働いている……。
谷：みんなが。
　　はいどうぞ。
子：……。
谷：みんなが。
他の子：読める。
谷：シッ（静かにという合図）。
子：……みんなが疲れるまで働いている。
谷：あーよく読めました。えらかったね（読んだ子のそばまで行き、頭をなでる）。ありがとう。はい次、どうぞ。
子：「　」
谷：はい。
子：「　」
谷：はい。
谷：野菜を植える人。
子：運転する人。

7　すべて認める

谷：もともとの野菜を切ったり、あの、パックしたり、いろんなふうに変える人が加工する人です。
　これは。
子：選ぶ人。
谷：おしい。
子：……。
谷：おしい。運ぶ人。さんはい。
子：運ぶ人。
谷：これは。
子：売る人。
谷：これは。
子：食べる人。
谷：いろんな人がいます。ぜーんぶこの中のどっかに入るんだね。

8　初発問にかえる

谷：ところで、さっきね、おうちにきた野菜が安全じゃないときがあるって言う人がいた。この中の、この中のどの人のところで危ないんだ？
子：加工する人。
子：作る人。

9　予想させる

谷：無理だな。
子：書ける。
谷：じゃ、無理かもしれないけど、二分だけがんばろう。
一言書けるかもしれない。どうして危なくなるかどこでもいいよ。
こんなふうに書きます。
ぼくは加工する人のところが危ないと思います。どうしてかというと、これこれこういうことがあるからです。
ぼくは……。
子：（画像を見て）エンドウ豆が上からうすくなってる。
谷：よく見てるな、エンドウ豆じゃないよ。アスパラ。ふふふ。
谷：ぼくは作る人のところが危ないと思います。わけはこれこれこうだからです。そんなふうに書くんだよ。
子：ぼくは食べる人の……。

10　書きたくなる対応

谷：書けた人そーっと見せにきて。そーっとだよ。
なるほど。なるほど。みんないっぱい書けてる。
そういう危ないのもあるんだ。
よくわかったね。

なるほど。
そういう危ない、なるほど。
なるほどね、
はい。
なるほど。
なるほどわかりました。
どんどんきて。
すごいなみんな。
OK。
OK。
すばらしい。
子：よっしゃー。

11　指名なし発表

谷：ちょっとこれすごいから発表してもらおうかな。
子：いえーい。
子：いやや。
谷：なるほど（ノートを持ってきた子を見ながら）。もしそれが石鹸だったら食べる人の口に入っちゃうもんね。よく考えてるな。
谷：（全体に）でも、発表するのは無理だよね。
谷：危ない。
子：運ぶ人が危ないと思います、なぜなら落としてしまうかも。
谷：はい。以上で三年三組の発表は限界ですか。
子：いや。
谷：もうおしまい？
子：違う。
谷：じゃ、あてませんからどんどん言う。
子：私は加工する人が危ないと思います。理由は土がついている野菜を水で洗ってないかもしれないからです。
谷：洗っていないかもしれないから。
同じでも発表します。
似てても発表します。
子：はい。
子：ぼくは加工する人のところで危ないと思います。洗うときにゴミが付くかもしれません。
子：はい。
谷：二回目だよな。
谷：まだ一回目の人で言いたい人。

　一回目の人はもう無しですか。以上？
子：おーすげー（スクリーンに紙をかざしている子がいる。それを見て）。
谷：発表はもう以上でいいですか。でも、ちょっと（子どもたちはスクリーンの方に気を取られる）ちょっとでも、
　書いている人いますか？
子：はーい。
谷：なるほど。作る人だと思う人。
子：はい。
谷：加工する人、運ぶ人、売る人、食べる人。食べる人じゃないって。
子：ははは。

12　さらに食らいつく子どもたち

谷：もういっぺんあげてみて。自然、作る人、加工、運ぶ人、売る人、食べる人。
　ほとんどの人ははずれだな。はずれ。
　大人の人はそこじゃないんだな。
子：あ、わかった、わかった。大人の人が見に行きたいのは。
子：わかった、わかった。
谷：意見変えてみる？
子：わかった、売る人や。

谷：いくよ。自然だと思った人。作る人、加工する人、運ぶ人、売る人、売る人はいつも見てんじゃない。
子：ははは。
谷：運ぶ人、加工する人、作る人。これはね、答え教えます、やっててもしょうがないから。
子：ふふふ。
谷：この人です。見せたいのはね。九割の人が見に行きたいと思っているのは、あ、九割の人が見に行きたいと言って、そのうち六割の人が行きたいと。ここを見に行きたいと言ったのは、どの人ですか？

13　子どもたちの驚きと疑問

子：作る。
谷：作る人の様子を見に行きたいと思っているんです。多くの人が。どうしてかな。
（何人かが谷先生の元に行こうと席を立つ）
谷：わかった人、わかった？（もう一人呼んで、耳元で聞く）よくわかったね。二人とも正解。すごい。
子：何？　何？
谷：びっくりした。正解。
（何か机に持ってきた子に）何でこんなの持ってんの（子どもの机の上のものを指さして）？
子：わー。ははは。
谷：ラベルだ（ラベルの資料を持っていた）。
子：わかった。

谷：はい、何て発表しましたか？　どうぞ。携帯の？
子：携帯で、えー、……。
谷：そんなのありますか。
子：バーコード。
子：あるある。
谷：(子どもたち指さす）どれだ、指さして、せーの。
子：これ！（いっせいにスクリーンを指さす）
谷：これ？　ははは。これはですね。これなんて言うか知ってる？
子：バーコード。
谷：バーコード、正解。何バーコードっていうか知ってる？
子：携帯バーコード。
谷：携帯バーコード。えらい。携帯バーコードとも言うし。二次元バーコードとも言います。言ってみて。
子：二次元バーコード。

14　じらす

谷：ＱＲコードとも言います。これね、この携帯電話のカメラでこう撮って、こうカチャッと撮って、インターネットにつなぐと、この画面にあの野菜を作った人の様子が出てくるんだって。
子：うそー。知らなかった。

谷：やっぱりやめようかな。
子：あー。
子：一〇〇円あげるから。
子：お願い神様。
子：あー（出た画面を見る）。
谷：こういうふうにどこで作ったかという地図が出ました。ここに地図が。さらに、こんなんで作りました、と写真が出ました。写真が出て、これでやってみると、こんなふうになっています。
子：おー。すげー。
谷：これはこの画面に出てくる。それからね、もっとクリックを押してみると、作った人の顔が出てきました。
子：おばさん。
谷：ここ、ここをクリックすると、また違う画面になって。
子：おーすげ。
谷：これ何て書いてあるの。
子：……農薬……。
谷：農薬何回使ったの。
子：二三回。
谷：殺菌剤、除草剤、化学肥料、書いてあるんですね。
子：すごい。

15　感想を書かせる

谷：すごいな。どうですか。この農薬使ったり、殺菌剤使ったり、一生懸命作ってもらっています。どう思った？
子：びっくり。
谷：どんなことでもいいから、ノートに今思ったこと書いてみて、短く、速く。
　この勉強について、ほかに感想がないか、考えてみてね。面白かったとか、六年生の勉強は難しかったとか、付け足して書いておいてください。
　まだまだあんの？　まだ書いている人がいるかもしれませんが、その人は、このあと書けたらノートを前に出してくださいね。このあとだよ。

16　最後に一言

谷：一度えんぴつを置いて。いい姿勢になってこちらを向いて。

　きょうはね、みんなお店の勉強をしていると聞きましたんで、ちょっと難しかったんだけど、六年生の谷先生のクラスが勉強している、作る人の様子をどうやって見に行くんだろうというお勉強をしました。もし興味があったら、お店のお勉強と一緒にそういうのもみんな調べてみてね、楽しくお勉強ができました。

　おもしろかった？　あーそうですか、先生もおもしろかったです。

　どうもありがとう。

　じゃ、これでお勉強を終わります。

　ノートの続きまだある人は書いて、書けた人は先生のところに出してね。

はい、ありがとう。

■授業を終えて

■これまでに何度か、飛び込み授業をした。

その日に初めて出会った子どもたちである。

事前に子どもたちの顔写真や、配慮事項などの情報を頂くこともあるが、基本的にはその場での対応が必要になる。

■特別支援を要する子どもたちも当然その中にいる。

今回のクラスでも、指導が極めて難しいと思える子が数名いた。

その子どもたちにどのように準備や対応するのだろうか。

私は特別な準備はしない。特別な対応もしない。

普段、私が自分の教室でやっていることをそのままやるようにしている。飛び込み授業は、普段の私の授業、私のクラスでの子どもたちへの対応と同じなのだ。

つまり、本誌に示す授業は、全く普段の谷学級の姿であると思ってもらってもよい。

■たった一時間の授業なのだが、途中からまるで自分のクラスで授業をしているかのような感覚になる。子どもたちとのやり取りが楽しいのだ。今回の三年生の子どもたちも、とてもかわいらしかった。

授業後の子どもたちの感想を読むと、子どもたちにも好評であった。

〈付〉岩田一彦氏の授業分析

指導案と授業記録の比較で見えてくること

授業研究の視点として

① 研究主題、研究仮説、授業実践の関連
② 学習指導案と授業実践の比較
③ 問いと知識の発展

の三つがある。ここでは、

② 学習指導案と授業実践を比較することによって授業分析をする。

授業分析に使える「本時の学習指導細案」記述の基本型は次のようなものである。

「このような記述があれば、教師が授業設計において、どのように子どもを捉えているか、どのように指導し、どのように子どもが反応すると仮説しているかがわかる。

また、授業実施後、授業記録を作成し学習指導細案での仮説的記述と対照すれば、有効な授業分析および学習指導案の分析ができる。」

ここでは、兵庫県加東郡滝野東小学校の谷和樹教諭の学習指導案および授業記録を取り上げ、授業分析の一例を示す。

なお授業分析を焦点化するため、一部だけを取り上げて論じていく。

予想される発言・思考	指導上の留意点
・ベルマートや。 ・みんなの合計で500個以上の買い物があった。 ・ベルマートは安いからや。 ・Aコープも安いで。 ・大安売りをしている。	・なぜスーパー（ベルマート）がよく売れるのか、その秘密をさぐろうという問題設定を明確にすることによって、これからの活動の意味を知らせる。
・新しくできてきれいだから。	・児童の撮影したベルマートの全景写真を拡大して提示し、興味を持たせる。
・にんじん ・ポテトチップス ・Jリーグバー	・列指名させながら、声の大きさや発表の聞き方などを指導する。 ・より多くの品物を登場させたいので、早いテンポでできるだけたくさんの児童に発表させる。
・わからない。 ・入り口から入ったところや。	・枠の板書はあらかじめしておく。 ・具体的な品物を問うことで、イメージを持たせやすくする。
・わからない。 ・取りやすいように。 ・冷やすから。	・入り口近くに置いてあることにも店の人の工夫があることに気づけばよいので、時間をとらずに次に進む。
・お菓子はもっと奥やで。	・お菓子などの品物の実物を提示し、児童の興味を高める。
・５列ぐらいじゃないか。 ・もっとたくさんある。 ・わからない。 ・お菓子の置き方は決まっているよ。 ・でたらめではない。	・棚の数は実際には９～10列あるが、正解は言わずに進める。
・どの品物もだいたい決まっているのではないかな。 ・でも違うところに置いてあるものもある。	・児童の発言があまりなければ、「カルビーのポテトチップス」と「コイケヤのカラムーチョ」ではどちらがたくさん並んでいるか、またそれはなぜかを予想させることも考えている。 ・牛乳やパンも実物を提示し、イメージを持たせやすくする。
・そのほうがお客さんが取りやすい。 ・店の人が置きやすい。 ・肉などを冷やすから。 ・お客さんが見やすいようにしているのではないか。	・ノートに書くことで自分の考えをはっきりさせてから発表させる。 ・どのような意見もすべて肯定的に評価することで受容的雰囲気をつくり、発言を促す。
	・意見が出にくいようであれば、教科書の挿絵を見せたり、「毎日入れ替えなければならない品物は何か」と聞いたりすることによって視点を変えさせたい。
・レジがある。 ・お店の人が仕事をしている。 ・自動販売機がある。 ・何が置いてあるか書いてある。 ・ベルマートに行って調べたいな。	・図の中で足りないものを発表する時には、児童は活発に発言することが予想される。それが本当にあるかどうかというゆさぶりをかけ、実際に見に行って確かめたいという気持ちを高めたい。

資料　本時の過程

学　習　活　動	発　問　・　指　示	資料・準備物
1　本時の課題を確かめる。 他にもたくさんお店があるのにベルマートで買うのはどうしてだろう。 ベルマートのひみつをさぐろう。	○買い物調べで一番多かったお店はどこでしたか。 ・なぜベルマートがそんなによく売れるのかをこれから考えることにします。	・買い物調べをまとめた発表(児童) ・ベルマートの写真（児童が撮影したもの）
2　ベルマートがどのような商品配置になっているかを考える。	・買い物調べで調べた品物を一つずつ発表しなさい。(列指名)	
（1）買い物調べで調べた品物を発表する。	○これがベルマートの建物を上から見たところだとすると（板書)、キャベツはどこにあるでしょう。	
（2）品物がどこにあるか考える。	○キャベツなどの野菜はどうして入り口の近くに置いてあるのでしょうか。 ○ポテトチップスはどこでしょう。	・お菓子などの実物
（3）陳列棚が何列あるか考える。	○品物を置く棚は何列あるのでしょう。 ○お菓子はでたらめに並べてあるのでしょうか。それとも決まっているのでしょうか。 ○くだもの、ティッシュ、マヨネーズ、牛乳、肉、魚、パンなどはどうでしょうか。全部決まっているのでしょうか。	・牛乳 ・パン
（4）品物を置く場所が決まっているかどうか、決まっているとしたらその理由は何かを考える。	◎なぜ、そのように置いてあると思いますか。ノートに書きなさい。 (○毎日入れかえなければならない品物はなんですか。)	
3　店内がどのようになっているか予想し、どんな工夫（ひみつ）があるか考える。	・このベルマートの図で足りないものがあったら発表して下さい。 ○お店の人は他にどんな工夫をしていると思いますか。	・(教科書 p.64 の挿絵を拡大した図)
4　本時の感想を書く。	・今日の授業の感想をミニ作文の紙に書きなさい。	・ミニ作文用紙(児童)

〈単元〉わたしたちのくらしと商店街（3年）
〈目標〉社会的事象への関心・意欲・態度に関する目標のうち「意欲」に焦点化して抽出する。
・様々な疑問を持たせることによって、意図的にスーパーや商店の見学ができるようにする。
〈本時〉（第4時　問題把握の学習）
本時の「意欲」に関する学習目標

スーパーの品物の配置を問うことによって、早く見学したいという意欲を持たせる。

〈本時の授業仮説および目標実現のための手立て〉

授業仮説　スーパーに置かれている品物の位置を具体的に問い、なぜそのように置かれているかを考えさせることによって店の人が工夫していることに気づかせ、見学への意欲を持たせることができる。

具体的手立て
① 最初は店の枠だけを示し、陳列棚の数を問う（いつも見ているのにわからない）。
② 児童が「買物調べ」で調べた品物を具体的に出させる。
③ より興味を持たせるため「お菓子」の実物を用意し、その配置を問う。
④ レジやＰＯＳなどもあることを思い出させ、もっといろいろな工夫があることに気づかせる。

（本時の中で、徐々に子どもたちのわからないことが増えてくるように発問を設計した。）

〈本時の学習指導過程〉

主要な発問とそれに対応する予想される発言・思考のみを抽出する。

発問・指示A キャベツなどの野菜はどうして入口の近くに置いてあるのでしょうか。

予想される発言・思考A

・わからない。

・取りやすいように。

・冷やすから。

発問・指示B お菓子はでたらめに並べてあるのでしょうか。それとも決まっているのでしょうか。

予想される発言・思考B

・わからない。

・お菓子の置き方は決まっているよ。

・でたらめではない。

発問・指示C
なぜ、そのように置いてあると思いますか。ノートに書きなさい。

・そのほうがお客さんが取りやすい。
・店の人が置きやすい。
・肉などを冷やすから。
・お客さんが見やすいようにしているのではないか。

〈本時の授業記録〉
前述の発問・指示、発言・思考に対応する部分のみ抽出する。

発問・指示A
ちょっとまって。先に美保さんが言ったキャベツはどこにあったでしょう。

・入口から入って、ちょっと上らへんへ行って、で、レジのほうに行かんと。
・もうすでに棚にぶつかっとんで。
・知らん。

発問・指示B―1
ポテトチップスの場所を知っている人。

・当てたらくれる？
（熱中して場所を指す。）

発問・指示B―2
このカルビーのポテトチップスだからね。チップスターはだめだよ。

・先生、ポテトチップスいうたら、ほとんどカルビーちゃうん。
・全部カルビーやで。

発問・指示C
じゃ、毎日決まっているとしたら、どうして毎日はだいたい同じ場所に置いてあるのでしょうか。その訳を考えて、その紙に書きなさい。

・昨日ポテトチップスを買った人が今日も同じところに置いてあるとすぐに行けるから。

・めんどくさいから。
・看板みたいなのをぶら下げているから、そこになになにがありますって、ぶら下げてあって、そこに置いてあったらさがさなくてもいいから。
・よく行く人がいきなり違うところにあったらさがさないかんから。
・じゃまくさいから。
・店の人が動かすのがめんどくさいやねん。
・売れたら動く。

学習指導案と授業記録を比較することによって、本時の授業分析をする。

学習指導案の、発問・指示Aは、子どもの実態をとらえそこなっていたことを表している。それは、授業記録の発問・指示Aに対する子どもの反応からわかる。また、子どもはキャベツが入口近くにあることを知らなかったので、学習指導案で想定した発問自体ができなかったことからもわかる。

発問・指示Bに関しては、教師が現物のポテトチップを教室に持ち込んだことによって、子どもの関心が場所当てに集まって、この発問ができなくなっていた。授業設計で子どものこのような状況を読んでおくべきだった。

発問・指示Cでは、子どもの「めんどくさい」「じゃまくさい」という発言が読めていなかった。

このような授業分析から、学習指導案で想定した学習活動が、十分に展開できた授業とは言えないことがわかる。

それではこの授業は、授業仮説で想定した意欲の喚起に失敗したと言うべきなのか。それは言えない。なぜならば、学習指導案に想定できなかった活発な学習場面、および、認識の深まりの場面があったからである。

たとえば、授業記録の、発問・指示B―2への子どもの反応は、商品のシェアーの問題や、テレビコマーシャルとの関係などに、後ほど深めていく芽が出ている。

また、牛乳に関しては、賞味期限に関して、少し古くなった牛乳は安く売られていることや、それを買うべきか否かといったところへ意識が進んだ場面も出ている。

本授業では、学習指導案と授業の実際とが明確には対応できなかったという事実の指摘はできる。しかし、授業全体からは、子どもの意欲を喚起する授業になり得ていたと判断できる活発な授業展開がなされた。

この授業が授業仮説の有効性を示したものとするならば、学習指導案の設計の方に問題があったことになる。

この評価をどうするのかは、この授業の後、自分からスーパーへ調べに行った子が、四〇人中一三人いたことを、「意欲の育成に成功した」と判断するか否かにかかっている。

（以下省略・谷）

四　六年・政治単元「〝ＩｏＴ社会〟で力を発揮するためには」

☆アクティブ・ラーニングの全体カリキュラムを設計する

1　この授業の主張と背景

〈主張〉

①　日本の国際競争力を高め、来るべき「ＩｏＴ社会」での日本産業の興隆を実現する。

② 「多様なアイデア」「論争」等によって価値を創造していく人材を育てる。
③ そのために必要な教育の条件を検討し、カリキュラム設計に着手することが必要である。

〈背景〉
(1) 日本の国力が弱小になっていくことは明らかである。
1 今後日本の生産年齢人口は激減する。
2 世界経済に占める日本のGDPの割合も減少の一途をたどっている。
3 世界の中で力を発揮し新たな価値を創造できる人材を育てる必要がある。
(2) 世界の産業構造は「IoT」へと変化している。
1 子どもたちが大人になった時に多くの職業が変化している可能性がある。
2 その変化のスピードは極めて速い。変化に対応する能力が必要である。
3 変化の中心はインターネットの普及によるネットワーク及びAIの技術である。
(3) アクティブ・ラーニングの中心は「多様性」と「論争」による「価値の創造」である。
1 向山洋一氏の授業の多くが上の条件を満たしている。
2 向山氏の授業から方法を学び、現代的な課題での授業を提案する必要がある。
3 知識を習得させるためのマスプログラムと同時に、優れた授業による思考場面が不可欠である。

2　自動ドアが開くのはナゼ？

（T：先生　C：子役）

T　はい。
　自動ドア。この前に立つと開きますね。
　これはどうしてですか
　はい（子役を指す）。

C　人が来たのを感知したからです。

T　何が感知すると思う？

C　センサーです。

T　センサーなんだね。言ってごらん。

C全　センサー。

T　センサーにはいろいろあります。だいたい覚えた？（スクリーンにセンサーの種類が表示される）

C全　（笑い声）

T　ちょうど覚えにくい数にしているってのがこれがねぇ。もういいね？　はい。
　自動ドアのセンサーは赤外線センサーです。こういったセンサーを眼鏡に。
　眼鏡に付けてみることにしました。
　どんなセンサーを付けたと思いますか？

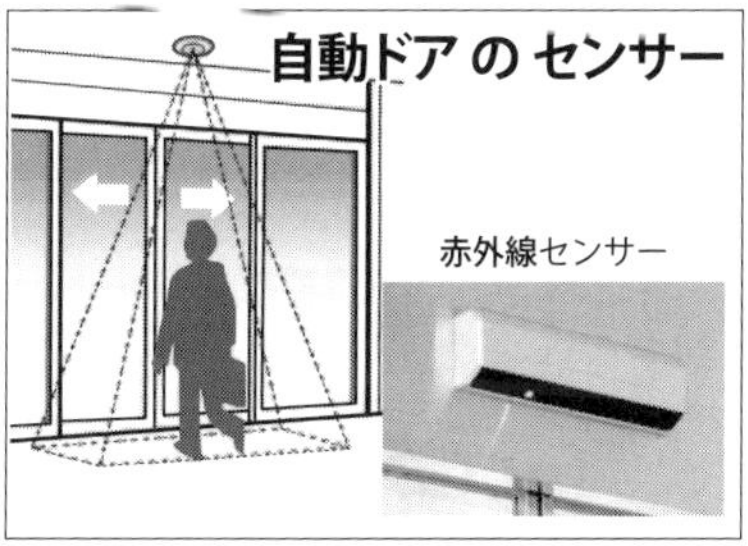

C全　お隣と話し合ってごらん。
T　（話し合う）
C　はい、言ってみましょう。
T　音センサー。
C　音センサー。
T　圧力センサー。
C　圧力センサー。
T　温度センサー。
C　温度センサー。みんなまじめだねぇ。
一つめ。はい読んで（眼鏡に付けるセンサーの種類がスクリーンに表示される）。
C全　まばたきセンサー。
T　うん、だから安易なんだよ。アクティブ・ラーニングやってるんだから。
C全　（笑い声）
T　だから光センサーの一種だよね。うん、おそらくね。
次、さんはい。
C全　視線センサー。
T　視線センサー。③
C全　体センサー。

T　こんなことをとって何になるんでしょう。
　　何になると思う？
C　健康の為。
T　その通り、正解なんです。健康の為です。
　　順調ですよ、あなた少し眠そうですよ、とても眠たそうですよ、ねぇ。頭年齢これくらいですよ、体年齢これくらいですよ。こういう体操をしてください。
C全　（笑い声）
T　欲しい人。
C全　（挙手）
T　おおっ、いっぱいいるねぇ。俺は欲しくないなと思ったけどね。
C全　（笑い声）

3　インターネットにつながるとどうなる……

T　ま、これ、インターネットにつながってるんですね。それでこういう情報が即座にやってくると。
　　まぁもしかするとお医者さんに行く回数や薬局さんに行く回数が少し減るかもしれませんね。

　　さっきの自動ドアにもインターネットにつなぐセンサーがあればもしかするとあ

なただけ通れるとか、あるいは大事なお客さんだけ通れるとか、そういったことが可能にもうなっています。

もしかするとガードマンさんのお仕事が少し減るかもしれませんね。

これなんだと思う？　インターネットにつながっています（スクリーンに筒状のものが表示される）。

あれなんだと思う？
C　ゴミ箱。
T　ゴミ箱だと思った人。
いい見解です。ゴミ箱もあるんだけど。これは傘立てです。
C全　（笑い声）
T　インターネットにつないで、いったい何の情報を取得してるんだろう。
はい、隣の人に言ってごらん。
C全　（話し合う）
T　何だと思う？
何だと思う？

何だと思う？
C　（○○○）
T　何の情報を取得してるのかと言ってる。

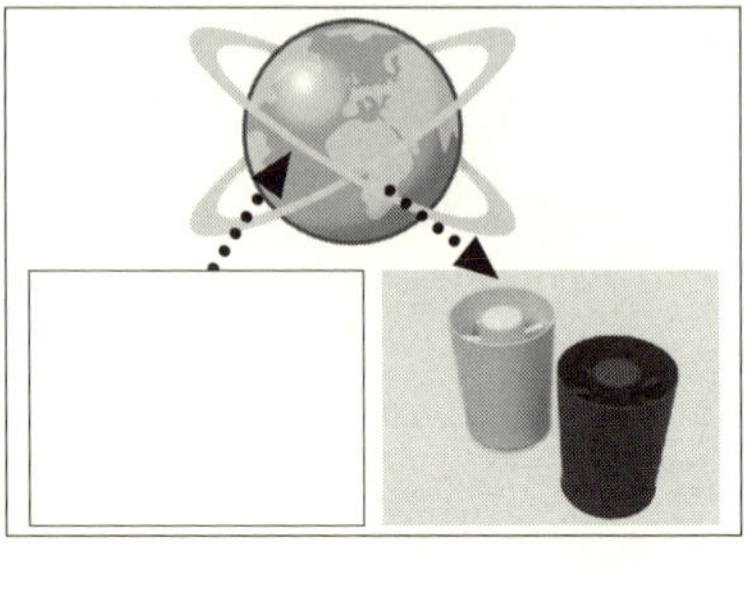

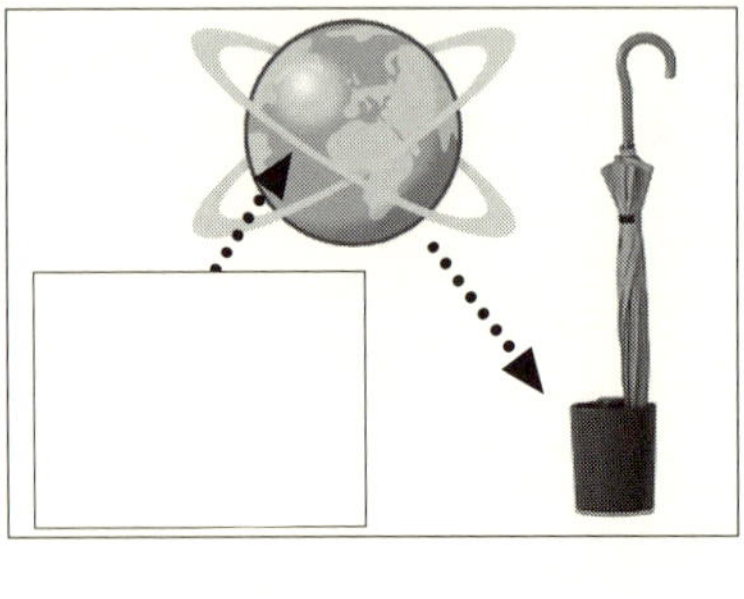

C　天気。

T　天気の情報ですね。そのとおりです。天気予報の情報を取得し、人が近づくと光って教えてくれるという。今日は降るから持っていってね、とか、今日は折り畳み傘でいいみたいよ、とか、今日は持っていく必要はなし、色も黄色。晴れ！　みたいなね。いいねこれ。欲しい人。

C全　（挙手）

T　欲しいですか。僕は要らない。まぁね。あっても便利かもしれませんがね。アンブレラスタンドと言います。もしかすると天気予報おじさんの天気予報を見る率が少し減るかもしれませんね。このようにたくさんのものがインターネットにつながっていくということをインターネットオブシングスと言います。訳してＩｏＴ。言ってごらん。

C全　（復唱）

4　ＩｏＴって何だ？

T　これキーワードです。覚えなきゃいけませんよ。ＩｏＴ。そうするといろいろな社会に変化が起き、いろいろな職業が変わり、これからそういった変化が大規模にやってくると言われているんですね。

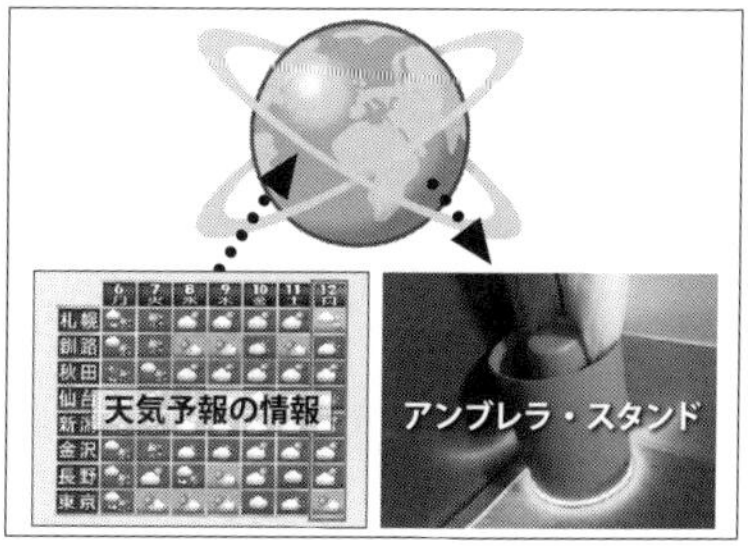

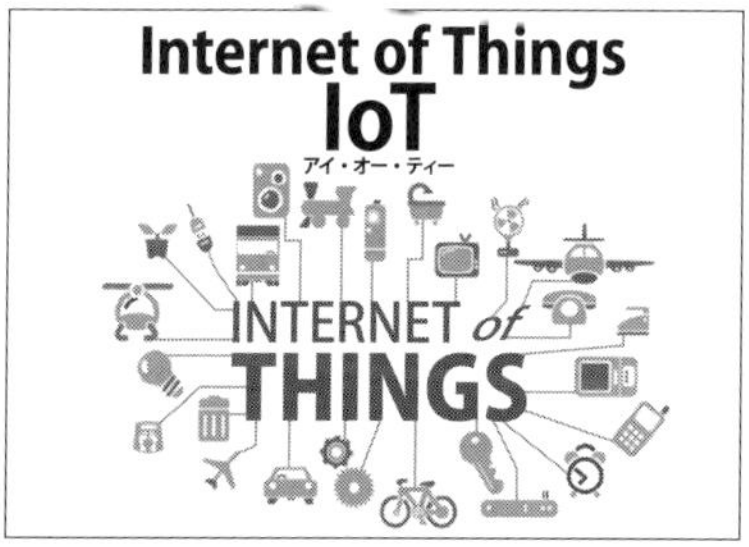

（スクリーンにインターネットからモノ・デバイス等につながっているイラストが表示される）これインターネットにいるよね。で、そうモノがあって、ここにたくさんのセンサーがくっついてまたモノとつながって、そしてまたデバイスともつながっていくと。こういう社会がやってくるんだね。なんていう社会だっけ？

C全　ＩｏＴ。

T　ＩｏＴの社会というふうに言うわけですね。こういう感じで増えていきます。接続デバイスは五〇〇億台になります。二〇二〇年。センサーはいくつくらいになると思う？「いくつ」って言ってごらん。声出して。

C全　（ざわめき）

T　一兆個です。トリリオンセンサーズユニバースと言います。まぁ別に言わなくてもいいことですけど言ってみよう。

C全　（復唱）

T　かっこいい言葉だねぇ。こういう社会では変化が激しい。アクティブ・ラーニングが必要だと。いろいろと考え、予想し、アイデアを出すということですね。

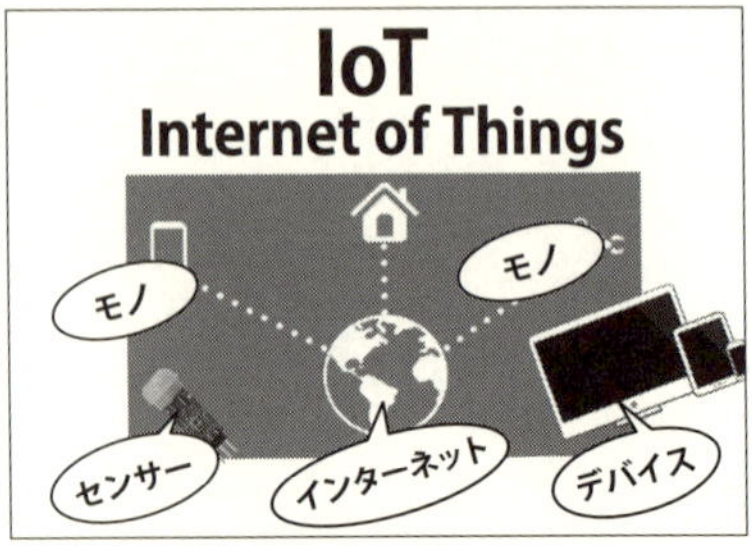

さぁ、それではその予想ですけれども。アクティブ・ラーニングレベル1。ＪＲ東日本アプリというのがあります。（スクリーンにアプリが表示される）知ってる人。

Ｃ全　（挙手）

Ｔ　みんな持ってますね？　持ってますね？　今手を挙げた人は。

ここにですね。実際本物を持ってきました。これはですね、エミュレーターと言って、スマホと同じ環境をパソコンの中に作っています。

で、これＪＲ東日本アプリ今立ち上がったとこね。うん、わかりますよね。

えーこういうふうにＪＲ東日本アプリ、クリックすると立ち上がって通信中と。列車に乗ると。こうね、列車に乗ると。

えー山手線トレインネット見てみますよ。現在の山手線の状況です。

三角のところ列車が走っているとこだね。今ね。これ、新宿に来た電車だけども中見てみよう。

Ｃ全　（ざわめき）

Ｔ　あー、先頭車両がすいてるね。

Ｃ全　えーーー？？

Ｔ　先頭がいい。で、（室温が）20度。こういう感じね。今20度。20度。こういう感じで今現在の様子をリアルタイムでライブに取得できるわけですよ。ですよ。

Ｔ　これさ、どういうセンサーがくっ付いてんだ？　付いてるセンサーを予想せよ。はい、周囲の人と相談しなさい。

C全　(話し合う)

T　ま、ちょっとたまには子役も当てんとな。はい。

C　人いっぱいそこに居るかセンサー。

T　(笑) あのねぇ。もっと簡単なほうからやりなさいよ。温度のほうが簡単でしょう。はい、どう?

C　温度センサー。

T　温度センサーだよねぇー。うん、よかったよかったよかったねー。はい、正解。温度センサー。よかった。えらい。

もう一個だな。あの、混み具合はどうやって。人いっぱい居るかセンサーね(笑)。その人いっぱいセンサーってのは結局何のセンサーなんだろう? カメラかな? 体温かな? はい、もう一回相談。

C全　(話し合う)

T　そうか。二酸化炭素率か。頭いいなー。二酸化炭素率ね、はい。

C　圧力センサー。

T　どうして?

C　床の圧力で人数がわかる。

T　正解。

C全　おおーーーーー!!!

5　いろんな意見を言った人が合格！

T　○○さんです。○○さん、アクティブ・ラーニングレベル1突破しましたね。
ま、これは正解があるんですけど。でもね、いろんな意見を言った人が合格です。いろんな間違ったことでも、隣の人に言ってみた人手を挙げてごらん。

C全　（挙手）

T　はい、間違ったことをいっぱい言うという事ですね。
Fail early, Fail often 言える？

C全　（復唱）

T　これはねぇ。アメリカでたくさんの最先端の製品を世に出してきたシリコンバレーという会社の中で言われている合言葉です。
ま、とにかく早く間違える。そしてしばしば間違えると。そういう意味だね。
これとね、よく似たことを言ってる人がいるんですよ。誰だと思う？
先生のお師匠さん。名前知ってますか？　知ってた？　言ってごらん。

C全　向山洋一先生。

T　向山洋一先生（スクリーンに向山先生の画像と、格言が表示される）。うんと、から、さんはい。

C全　うんと間違いなさい。間違いの山を作りなさい。

T　うーん、おっしゃってることが一緒ですね。

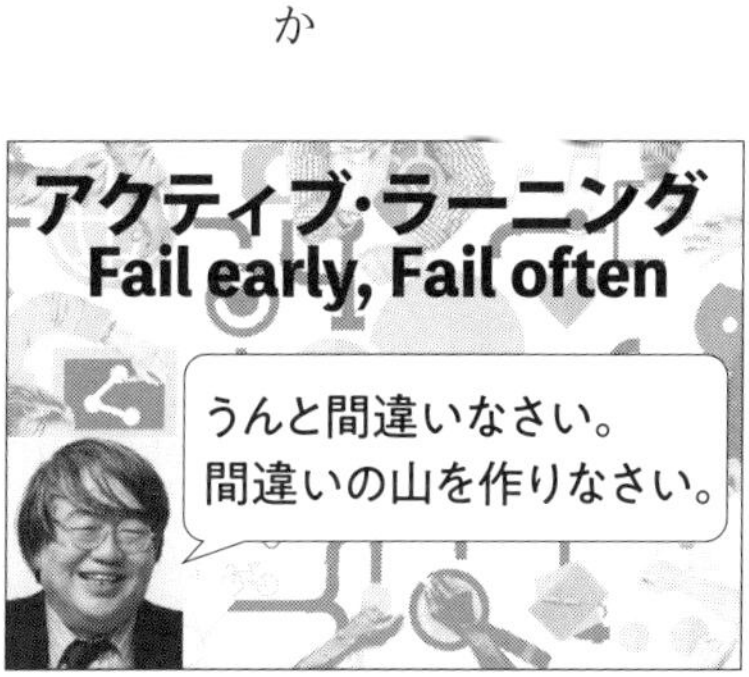
アクティブ・ラーニング
Fail early, Fail often
うんと間違いなさい。
間違いの山を作りなさい。

そこで第二問です。アクティブ・ラーニングレベル2。これはアメダスですね（スクリーンにアメダスが表示されている）。今降っている雨の様子を表していますが、これは雨量計というもので計っています。

これをねぇ、もっと簡単に、即座に、見ればわかるようにしたい。もっとＩｏＴにしたい。

みんなはどこにどんなセンサーを付けますか？

もう今この瞬間、ピピピッて見ると、あ、今沖縄で降り出してるじゃん、とか。あ、札幌まだ降ってるわね、とか。そういうことが即わかるためにどこにどんなセンサーを付ければいいですか？　はい、相談。

C全　（話し合う）
T　いかがですか？
C　宇宙に、あのーカメラみたいなの……。
T　宇宙にカメラね。はい。
C　雨雲がどこにあるか、です。
T　どこにあるかね。それ二つとももうすでに技術があります。素晴らしい！　でももっと考えていい。頭柔らかくして。
C　ストリートビューで雨がいつ降ってるかわかるようにする。
T　Ｇｏｏｇｌｅのね。ストリートビューでね。はい。

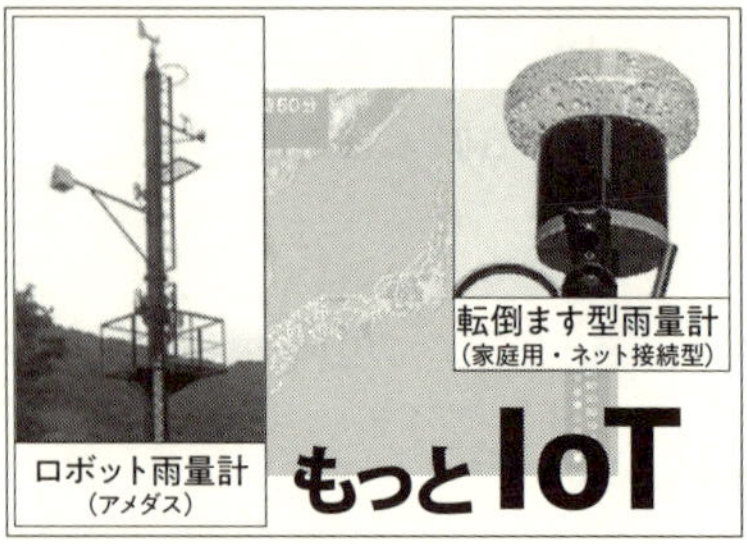

C　降った雨を感知するセンサーを町なかに付ける。
T　町なかのどこに付けるかなんだよ。
　　どこに付けるかっていうから、みんなねぇ。固定概念にとらわれるんだな。何に付けるか、にしようか。はい。
C　ドアのところに傘の開く音を感知する音センサー。
T　傘の開く音か。おもしろいねぇ。はい。
C　コンビニに設置する。
T　コンビニに何を設置する？
C　雨を……雨が降ったかどうかのなんか。それを設置する。
T　（苦笑）言いたい人？
C全　（挙手）
T　はいどうぞ。
C　太陽光パネル。
T　はい。
C　自動販売機。
T　はい。どんどん。
C　信号機。
　　傘。
T　傘だよね。傘。

C　屋根。

T　傘の全部にセンサーを付けよう。開いたっていうことがすぐわかる。

C全　「おぉーーーー!!」

T　バババババァーっと。よくない?　これ。傘にこう(スクリーンに傘を開いた画像が表示される)。他に。限界か?　降参だな?

C　車。

T　まだまだだな。アクティブ・ラーニングと言っても。別に何でもいいよ。はいどうぞ。

C　排水溝。

T　排水溝いいねー。いい意見だね。降水量でね。はい。

C　鳥。

T　鳥。鳥!?　すごい!　一二〇点。はい。

C　車のワイパー。

T　車のワイパー。先生もそう思ったんですよ(スクリーンに車のワイパーが動いてる画像が表示される)。

C全　「おぉーーーー!!」

T　動いたらすぐわかるだろう。そこで、(車のワイパーと言った)松本君対傘。傘にしよう。傘って言った人ね。

どっちのほうがなぜいいですか。

C全　（話し合う）

6　正解はありません！

T　どっちのほうがなぜいいですか。討論しましょう。はいどうぞ。一番後ろ。はいあなた。

C　車のワイパーのほうがコストが安くなる。

T　コストが安くなるんじゃないか。安いんじゃないか。などなど、様々な意見が出てきますね。

これ、正解はありません。だけれども、いろいろなアイデアを出していくということになります。討論をしてみるということですね。

他にもこういうのがあります（スクリーンにお箸の画像が表示される）。お箸にセンサーが付いたらどんなことができますか？　できるだけたくさん考えなさい。これも実際に行われているんですよ。でもね、これは今に始まったことではありません。もう一九六〇年代から。たとえば多湖輝先生などは「頭の体操」という本の中にこういう問題を出しました。

（スクリーンに「頭の体操」の問題が表示される）「荒れ狂う海にそそり立つ絶壁には、深く雪が積もっていた。まぎれもないその男の足跡は、海を見下ろすその

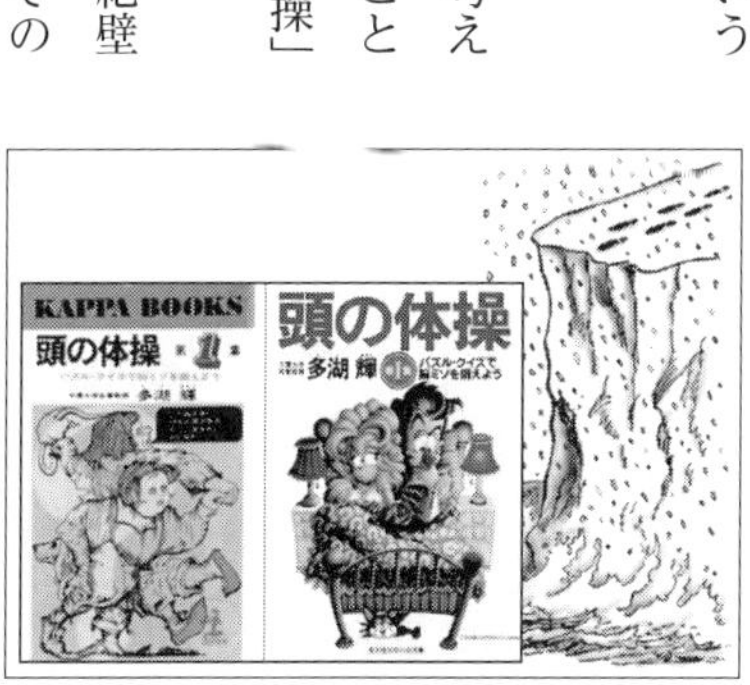

絶壁へ向かい、その縁で消えていた。とうぜん投身自殺と考えられた。」

「しかし、つぎの日、近くの村で、その男らしい姿を目撃した者がいた。こんなことが考えられるだろうか」制限時間一〇分。

これをあっという間に解き、しかも模範解答よりももっとたくさんの答えを出し、しかもあの本の中の問題を全部解いちゃった人がいます。

誰だと思う？

C全　向山先生。

T　向山洋一先生。全部正解（スクリーンに向山先生の画像とコメントが表示される）。
だからはじめからＩｏＴ社会に適応なさっていたと（カメラが向山先生を映す）。

C全　（笑い声）

T　ということが言えるわけですね。みんなもすぐそうなりますよ。
（スクリーンにＩｏＴの画像が表示される）えー。商品が五〇〇〇万人（世界人口）に普及する時間はどんどんどんどん早くなっています。

フェイスブックなどはたった三年。数日間で普及している商品もあります。

そんな時、これからインターネットオブシングスという社会の中でいろんなアイデアを出し、いっぱい間違うことが大事になってきます。でもインターネットオブシングスという考え方を世界で初めに言ったのは日本人ですよ。

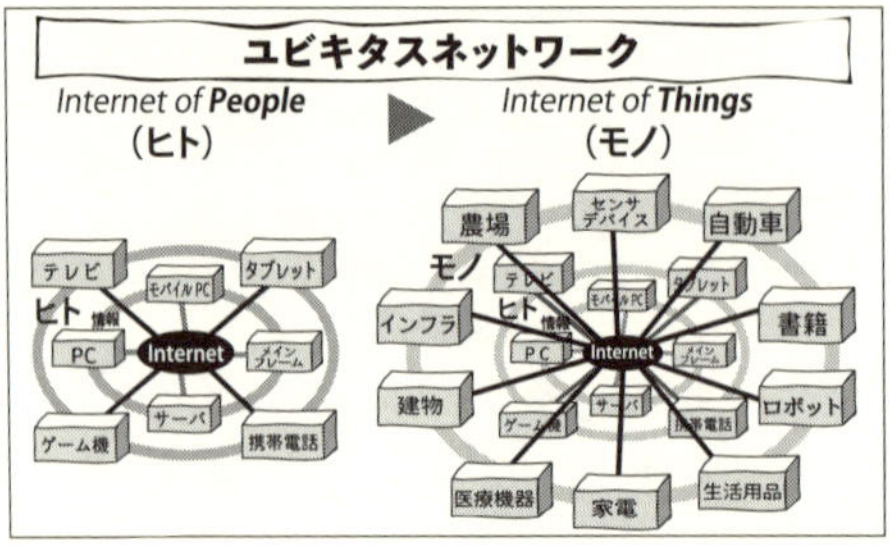

（スクリーンに坂村健氏と、ユビキタスネットワークの画像が表示される）みんなも世界の人と戦えるような価値を生み出す、そういう頭の働きをしていけるように勉強していきましょう。終わります。

[著者紹介]

谷　和樹（たに・かずき）

玉川大学教職大学院教授。TOSS 中央事務局。
NPO TOSS 授業技量検定 代表。TOSS 和サークル代表。
1964 年生まれ。北海道札幌市出身。
神戸大学教育学部初等教育学科卒業。兵庫県の加東市立東条西小、滝野東小、滝野南小、米田小にて 22 年間勤務。その間、兵庫教育大学修士課程学校教育研究科にて教科領域教育を専攻し、修了。教育技術法則化運動に参加。TOSS の関西中央事務局を経て、現職。国語、社会科をはじめ各科目全般における生徒指導の手本として、教師の授業力育成に力を注いでいる。『子どもを社会科好きにする授業』『みるみる子どもが変化する「プロ教師が使いこなす指導技術」』（ともに学芸みらい社）など、著書多数。

GAKUGEI MIRAISHA

社会科「主体的・対話的で深い学び」授業づくり入門
―熱中！ 学び方技能育成のポイント

2018年12月20日　初版発行

著　者　　谷　和樹
発行者　　小島直人
発行所　　株式会社 学芸みらい社
〒162-0833 東京都新宿区箪笥町31 箪笥町 SK ビル
電話番号 03-5227-1266
http://www.gakugeimirai.jp/
e-mail : info@gakugeimirai.jp
印刷所・製本所　藤原印刷株式会社
企画　　樋口雅子
校正　　大場優子
装丁デザイン　小沼孝至

落丁・乱丁本は弊社宛てにお送りください。送料弊社負担でお取り替えいたします。

ISBN978-4-908637-96-4 C3037